文章力！

子どもがよろこぶ作文指導

浜 文子

発売●小学館
発行●小学館クリエイティブ

はじめに

作文を、小・中・高校生と共に楽しみつつ学び合うという教室（寺子屋）を主宰して十三年。これは『浜文子の「作文」寺子屋』（二〇一七年刊・鳳書院）の続編ともいえる一冊です。

本書では、授業の内容の一部と、その展開の方法論、そして子ども達の姿を記しました。教室開設から長い時間が経って思います。「異年齢の子ども達が楽しみながら文章を書くことに向き合える教室」という、私の開設当時の目標は、その意図をはるかに超えて、教室はまるで、それ自体が意志を持ち呼吸し、生き物のように変化して、一つの目標に向かってひとりでに育っていったと。

子ども達は自由に文章を書きながら、自己発見、自己成長をし、表現の獲得と共に内面的に伸びていき、その様子は「子どもは、自分で自分を教育しつつ伸び、育っていくのだ」との実感と強い確信を私に抱かせました。

何も教え込まず、ためにするということも指導めいたことも私からは一切せず、子ども達は書き続ける中で、自分を見つける自身の力に出会っていきました。

この本は、一か月に一度、私が子ども達に書いてもらってきた課題を記したものですが、子ども達は、それに向き合いながら、そのときどきに、本人に必要なものを、自力で見出し、引き出し、自分の育ちの芽を嗅ぎ取るように伸びていってくれました。

「作文大キライ」だったはずの子が「作文大好き」と言い、一か月に一度しか開かない教室に「もっとやりたい」「毎日でもいいよ！」と言う。実は、子どもは本来作文が好きというのが、私の持論です。つまり表現するのが好き。それは子どもの最も得意分野とするところとの確信です。

子どもは、生まれてきて、この世に「言葉」というものの存在を知るとき、同時に「伝えたい」という「表現することの原型」を得、人としての基本的な願望が生まれるのだと思います。そして、「伝えたい」という願いは「言葉」を教えてもらった大人との、深い繋《つな》がりと信頼に基づいて、より育つのだと思います。

「これなあに？」という問いの中に、既に「フシギだから教えて」という願いを「伝えたい」幼い人格の発露があります。私は、このことに感銘を抱かずにはいられません。

　作文教室に通う子ども達は、繰り返し書き続け、書いているうちに、自分で自分の中の「何か」に気づいていきます。「何か」とは、自分の中に少しずつ発見していく「自分の感受性の核」とでもいうべきものです。

「自分の核」に出会った子は、年齢、学年に関係なく、それとは意識せずとも、書くことの自己解放の心地よさを知っていきます。この感覚をつかんだ子は、もう書くことが苦手、作文は嫌いとは、決して言わなくなります。この変化は何も小・中学生に限りません。高校生でも同様です。


　作文教室を続けてきて感じるのは、書くことが大嫌いになってしまった子どもは、決して作文が最初から嫌いなのではなく、「嫌いにさせられた」という経過があることは、忘れてはならないことです。

「子どものため」と、大人が一定の目的を据え、そこに焦点を定めた「ためにする導き」はしてはなりません。

ためにする作文教育は子どもをだめにします。自由な感じ方で、自分のつかんだ感性を主軸に据えて書かせること。そのことの積み重ねなくして、子どもは、自分の考え方と感じ方を育ててはいけません。自分の考え方、感じ方を大人から大切にしてもらうことなくして自身を尊ぶことは、子どもにとっては難しいものです。
この本が、教育に携わる方々や、親御さん方に、作文教育についてと、子どもの素晴らしさについて、あらためて思いを馳《は》せる一冊となれば幸いです。

浜　文子

目次「文章力！　子どもがよろこぶ作文指導」

作文が苦手という子どもたち

子どもは生活の中で
感性や考え方、表現力が育ちます

子育ては言葉育て

言葉を分かち合い
言葉を通して
子どもと
関係を築いていく

第3章 子どもの作文力が育つとき

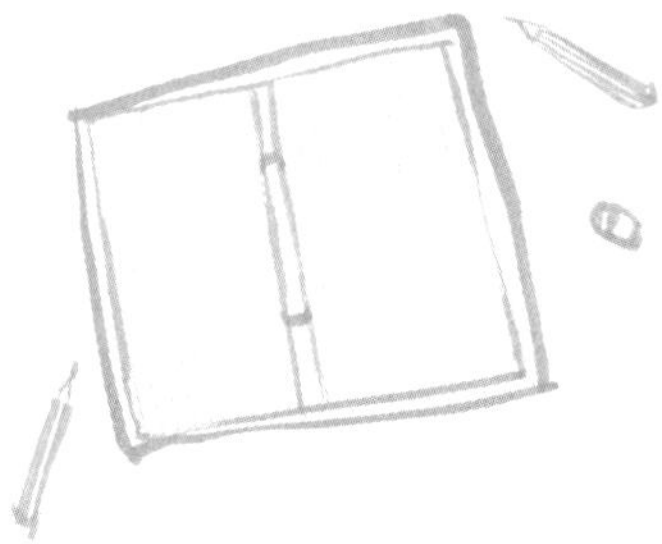
言葉が育つと
子どもはみんな作文が書ける
書くことが好きになる

＊本書に作文教室での子どもの作文を掲載しています。
読みやすいように適宜漢字を使用しています。

第1章 子どもの文章力は家庭でのびる

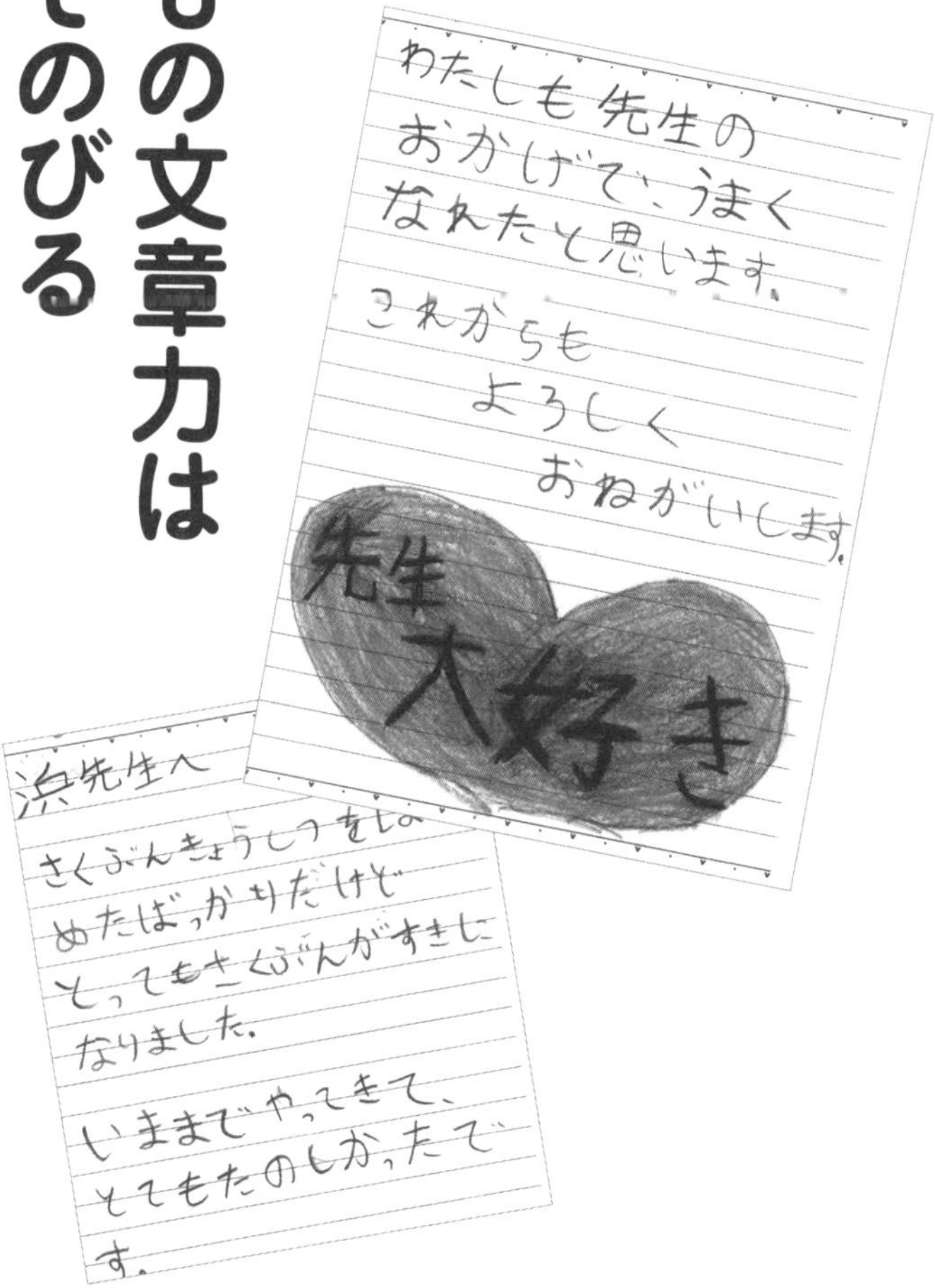
わたしも先生の
おかげで、うまく
なれたと思います。
これからも
よろしく
おねがいします。
先生大好き

浜先生へ
さくぶんきょうしつをはじ
めたばっかりだけど
とってもさくぶんがすきに
なりました。
いままでやってきて、
とてもたのしかったで
す。

作文指導の前に

作文上に表れる子どもの思い方、考え方を、大人が「その考え方は正しくない」「正しい考え方は、こうなのだ」と決めて、誘導してはなりません。子どもは自分を自分で育てていく力を内在させており、ものの考え方についても自身による矯正力が備わっているのだから。

「書く」こととは

子ども達に肩に力を入れずに作文を書けるようになる指導を始めて十三年。「書く」とは何か。「書かせる」とはどういうことか。書くことを促し、書くことを教えるとはどのようなことか。常に考えつつ進めてきました。

物を書いて生きてきた私は、いつも顔の見えない読み手に向けて、一生懸命に自分の思い、考えを「語り」かける、つまり「書き」続けています。

それは読者と私の間にある信頼関係に自分の思いを託し、心に浮かぶ私自身の考えを、正直に伝える行為そのものです。

私は、自分の経験から、読み手と書き手の間には、相手へのいささかの不信の念があっても、語る側（書く側）と聞く側（読む側）の〝関係〟は成立しないと思っています。

書く内容についても、その表し方にしても、「こう書いても理解してもらえる」「この表現を受け入れてもらえる」と、書く側、つまり発信する側にそのような、自分の気持ちの素直でストレートな解放感がなければ「書く」という行為は成立しません。書く側に、自分の心の表出をセーブして「書き表す」ということはできないものです。

子どもは、大人以上に、そのことに正直です。子どもは大人よりももっと自身の心を解放させないと、思うままを言葉で表出できないし、第一、信頼のおけない人間に向かって自分の心などは決して出さない。出す気にならないものです。

言葉と言葉のやり取りの間には、大人も子どもも相手（読み手）への信頼がなくては、言葉は言葉として機能しないのです。

指導、誘導してはいけない

子どもの言葉が、その子なりの思いとして表現されていくために大切なこと。それは、本人の言葉を受け入れ、決して批判否定しないことです。明らかな漢字の書き間違い、助詞の使い方の間違い、そして言葉の言い回し、使い方の誤りは正しますが、それらはその場ですぐに説明し、書き直させます。当然のこととして言いたいこと、表現したい内容は、本人のままを大切にして、明らかな日本語の使い方の間違いだけを訂正するのです。

私が決してやらないのは、子ども本人が言いたいこと、書いていること、そのものの内容自体に手を加えたり、書き直させたりすること。そして、「このようにしてほしい」あるいは「このようにしなさい」と誘導することです。

子どもの思い方、考え方を、大人が「その考え方は正しくない」「正しい感じ方、考え方は、こうなのだ」と決めて、そちらへと誘導してはなりません。なぜかといえば、子どもは自分を自力で育てていく力を内在させて生まれてくるし、ものの考え方も自身による矯正力が備わっているというのが、子どもと向き合ってきた私の持論です。

指導めいた余計なことは一切言わなくとも、子どもは自分の、自分らしさたるものを探

り当てていきます。探り当てていく基《もと》になっていくのは、自身の暮らしの中からつかみ取ったものの見方、感じ方、そして考え方です。例えば、スポーツ好きの子はスポーツを通し、一つ一つの試合や、練習を通しての思い、そこで味わう人間関係の悩み、喜び、口惜しさや切なさといったものを。そして家族との日々の関わりから味わういろいろな感覚、さまざまに入り組んだ感情が、その年齢なりの生活背景として、少年、少女達の心を作り上げ、育てていくからです。

子どもの感受性を拓くための教材選び

作文指導とは、その心に耳を傾け、視線を向けて彼や彼女達の〝感受性の現在位置〟を、愛《め》で慈しむ行為に他なりません。他の、どんな言葉でも言い表せないことだと、私は断言できます。

例えば、子ども達の心の成長や感受性の膨らみ、変化を、流れていく川の様相とイメージするとき、提案・提供する作文の課題とは、その川へそっと浮かべてみる一枚の木の葉であり、小枝であり、一つの言葉を記した小さなメモ用紙です。子ども達は自分の川を行く木の葉や小枝を追い、それらの現在位置を、見つめる行為を開始します。それが「書く」ということです。それは子どもにとっての「繰り返される自己確認作業」になるのです。

指導する側は、その、子ども達自らによる自己確認の作業の切り口や角度を多彩に、そして多様に開いてもらうために、工夫をこらした課題を教材として提供するのが仕事なのです。

自分の現在を成り立たせているものを振り返ってもらうための素材としての、友人に関する作文。他者の心への想像力を養ってもらうための詩の鑑賞や日記の体裁の作文。「生」や「希望」「幸福」「理想」といった〝観念の原点〟を自分の内側へと、より引き寄せてみるということの働きかけに使う教材、そういったものの選択と提供が、それごと「指導」になります。

作文は、「５Ｗ１Ｈ」や「起承転結」などの技術・方法論は脇に置いたところで、まず「書く」ことに、いかに迫っていくか、その見極めと独自性が、導く側の思想、哲学だといえます。

私が作文を導く教室の子達を一応一クラス十人に限定しているのは、一人ひとりの子どもの持ち味と性格に、より伸ばしてやりたい部分を、作文を通し、しっかりと把握しておく必要があると感じたからです。その上で独創的な発想のできる子の資質を大切に保ち、自信のない子に自分を信じられる力を持たせたいと思い、やってきました。

それぞれの子に、そのときどきに合う教材を用意するのは、少人数ならではの取り組みです。

「育てる」とは、大変に目配りと気づかいを要する作業です。黙々と相手を見て、作文に丁寧に向き合い、そこに必要なものや、添えなくてはいけないことを見誤たずに与えることです。そして、それは多過ぎても少な過ぎてもいけません。料理のときの調味料のように、素材を生かすための「適量」というものがあり、それを間違えると、素材ともいうべき子どもの持ち味を殺し、その大事な味わい、旨みを早々と奪ってしまいます。

教え込んではいけないし、自分の好みで誘導してもならない。そしてただ放っておいてもいけないという点は、作文もまた料理同様、味の旨みを引き出す匙《さじ》加減が大切なのです。匙となるのは、指導する者の子どもへの丁寧な気遣いと気配りと子どもの未来を尊ぶ心。そしてそれらを十全に働かせることのできる経験値といえます。

言葉・言葉づかいを選ばせる

作文のタイトルは子どもにつけさせましょう。タイトルは、作品の一行目に当たるので、子どもの語感に合う、気に入ったものでなくてはなりません。

語感との相性

大人でも、物事について表現するときの「言い回し」について、気に入っているものと、そうでないものがあります。子どもも同じです。子どもにも、それはあるのです。

私の場合、例えば人生について書くとき「生き方」「在りよう」は好ましいですが「生きざま」というのは好みません。好まないというより、はっきり言って嫌いです。その大仰な言い方に馴染《なじ》めないからです。「生き方」「在りよう」は、私の生理にピンときて馴染むので、専らこっちを使います。

生理的に馴染めない言葉や言い回しで、文章は書けません。人には、それぞれ使いたい

言葉、使いたくない表現というものがあるのです。

それは多くの場合、「なぜ」と問われても万人に説明可能な理由を持たない、本人の肉体の生理に根ざした感覚というもののように思います。つまり「語感との相性」というもの。

大人同様に、子どもにも、ちゃんと本人にとって「いいな」とか「いやだな」と感じる表現があるのです。

このことは、子どもが文章を書くときに、その〝タイトル決め〟に、決して小さくはない意味を持つことを、大人は知っておいたほうがよいでしょう。

私は授業で、例えばこんな展開をします。

子ども達に、それぞれの日常の近況を文章にしてもらおうとするとき、仮に以下のようなタイトルを挙げてみます。

「最近のぼく（私）」「ぼくの（私の）近況」「ぼくの（私の）日常」

ほんの二、三例ざっくりと挙げたタイトルから、その日書いてもらう内容を提示し、書き始めてもらうのです。

これは、とても愉快な発見なのですが、子ども達は申し合わせたように、私の列挙してみせたものをそのまま用いたりしません。タイトルは必ず、自分の思いついたものへと変更します。（なんと頼もしいことか。）

「最近のぼく」とせず、「今のぼく」だの「ここ一か月のぼくのこと」だのと、変容させています。かと思えば、女の子では「わたしの今」で書き始める子も。また、「近ごろの私は」とやる子もいて、なかなかスマートなもので、みんなサラサラと書いていきます。

語感に合うことの重要性

「タイトル」というのは疎かにできない言葉です。それは既に、作文の一行目なのだと考えたほうがよいと思います。好みの「言い回し」だと、書き始める心も、納得した自分の言い方に添った形で、すんなりと進むのです。

文筆を職業としてきた私にもいえることですが、例えば、あちこちの出版社からいろいろなテーマでのエッセイやコメント等の原稿依頼を受けたとき、頼まれたタイトルが、例を挙げると、育児のテーマでの躾《しつけ》等に関して、「十歳ではもう遅い！」そして「子どもの叱り方」……私はそのタイトルを見た段階で既に書く気が失せています。私の場合、先方にタイトルを変更したい旨を告げ、その上で仕事をします。

例えば「十歳ではもう遅い！」は「十歳頃までになんとかしたい」、そして「子どもの叱り方」は「叱らずにすむ子育て」

自分の生理にピンと馴染む言い回しは、即生き方、考え方に直結するものなのです。言葉は肉体を通し、体丸ごとの、「存在」から生み出されるものなのだと実感してきました。

私は、かなり強い確信を持っていえるのですが、学校で出す宿題や、授業での「作文」について「○○の思い出」「○○について」といった、**大人の側からの平板で漠然とした一律なタイトルの提示は、もうやめるべきだと思います。書くテーマだけを伝え、タイトルは自分達で書かせる。そうすれば、子どもの心は、全員同じ、御仕着せの「タイトルの縛り」から解き放たれます。**

子ども本人による言葉選びには、自分と言葉との間の精緻《せいち》な感覚、その子の生理に組み込まれている、本人の好む語感があります。

言葉それ自体の持っている雰囲気、持ち味、空気といったもの一つ一つにも、子ども本人との「言い回しへの相性」が、ちゃんとあるのです。タイトルが、心の動く、自分の気に入るものでなくては、そこでもう書き出しがスムーズにいかず、難儀します。子どもにとっては、他から与えられた言葉の不意討ちからスタートする作文には、素直な心の表出に大いに手間取ります。

タイトルに乗っかり書き始める

自ら生み出すタイトルだと、全員に一斉に与えられる画一的なそれと違い、書き始めから滑らかに進むのは当然のことなのです。

感覚の鋭い、柔らかい感受性をもって目の前にいる子ども達に、平板な、血や肉の温かさのこもらないタイトルをあてがって「書きなさい」「さあ書いてみよう」と、言ってほしくないと願っています。

先日、図書館の司書の方から聞いたのですが、子ども達が夏休みに入る頃には、母親達から「読書感想文の書き方の本はありますか」という質問が殺到するのだそうです。そしてその数も、年々増えているのだとか。

子どもが、自分の心を生かした言葉で、それぞれのタイトルで自分の思いを生き生き伝えるには、大人の側にも、子どもが、そうできるための工夫が要るのです。

読書感想文にしても「〇〇を読んで」は一掃し、読後の子どもの心に一番に浮かび上がる言葉、思い、疑問、共感といったものをタイトルにするところから入るのが最善です。

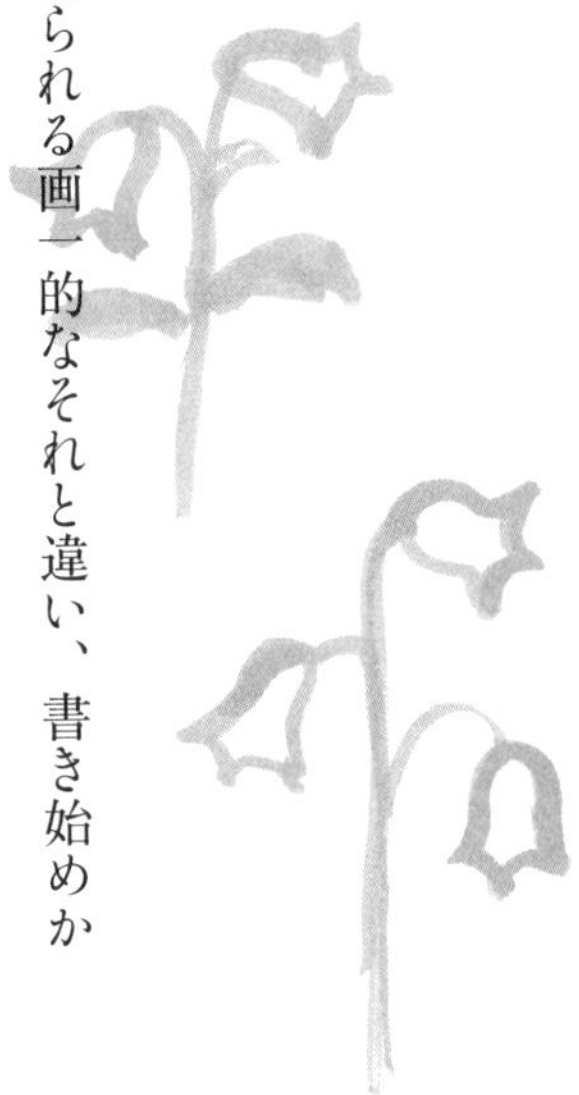

夏休みが終わった頃の私の教室では、それぞれの夏を振り返ってもらうのですが、昔々から、日本の小・中学校で必ずやらされてきた作文「夏休みの思い出」という漠然としたタイトルでは、子どもの鉛筆も弾みません。

私は教室の子ども達に、「夏休みの思い出」といった漠然とした画一的な、熱量の失せたタイトルをやめさせ、子ども一人ひとりに、「この夏は……」と、くっきりと思い浮かぶ自分の夏の出来事を中心にして本人達につけてもらいます。

言葉には「気」がこもらないと、生き生きと人に伝わる文章は書けません。言葉に「気」を通わせるには、自分の体験、経験を通し、実感した「思い」「感じ方」を言葉に乗せ、書かなくてはなりません。言葉とは、一人ひとりの存在、丸ごとの体をくぐりぬけて生まれるものなのです。

子ども達は理屈ぬきに知っています。自分が見て、聞いて、体を基に五感でつかんだ感じ方が、最も表現のツボへと繋《つな》がっていることを。

さて、子ども達の、それぞれの夏の一文のタイトルを記してみましょう。子ども本人が自分の生理にピタリとくる言葉を選び、「さあ、ここから書き出そう」という心が既に表れています。

「浴衣で出かけた夕方」「この夏の、私の出来事」「暑い日の熱すぎたバーベキュー」
「セミの羽にハマった！」「いとこと大ゲンカした夏のプール」「虫だらけのテントと
スイカ」「夏休み、ぼくの場合」

平べったく茫洋《ぼうよう》とした「夏休みの思い出」という定番タイトルを、ヒラリと軽く跳び越えて子ども達のそれぞれの独自の「夏の日」が、そこに姿を表しています。
そして文章のほうは、生き生きと、自分の感じたコト、モノの登場に触発された自分達の日々が原稿用紙に立ち表れます。

お気に入りの言葉に出会わせる

子どもは、生活を通し、本来、その内面にしっかりと自分の言い回し、お気に入りの言葉遣い、ピンとくる表現の独自性を持っているものです。ただ、それをあらためて出す機会があまりに少ないから、本人もそこに気づかぬまま、定番の、ありがちの決まり切ったタイトルに従い、それに沿った文を書く子になっていくのです。

　大人は、こうした子ども達の、言葉への反応に初歩から大いに敏感になるべきです。**子ども達には、より敏感に、そしてより自由に、自分の言葉に出会っていってほしいと思います。本来、子どもには大人という他者から一方的にあてがわれ、押しつけられることがなければ、自分から工夫し、思いを巡らし、言葉を自分で拓いていける大きな力があります。**その力で捉えていく好きな語感との出会いも成長と共に豊かに広がるのです。子どもを、大人は（親も教師も）、もっともっと信じるべきだと心から思います。学校で「夏休みの思い出」といった作文の宿題が出たら、家ではタイトルを子ども本人に書かせてください。**「語感」は「食感」や「触感」と同様、本人のみが獲得できる、本人の生理に組み込まれ、血となり肉となり体の一部となっていくもの。言葉が体を潜りぬけて本人の中に生まれるとき、それは、確実に温度感を携えて他者に届きます。**言葉というものが受け手の心に残り、言い回しのあれこれを包括した文章そのものが、固有の表情で特定の世界を築くとき、それを「文体」と名づけて読み手に深い味わいを提供してきたのも、うなずけることです。

　言葉が生まれる場所は肉体そのもの。それを発する人の体験と実感を包んだ肉体です。自分の感性で、自分の思いを言葉にできる子を大事に育てたいものです。

言葉を集めて文章を作る「詞寄せ」

「詞《ことば》寄せ」とは、まったく脈略のない言葉（単語）を、子ども自身に七、八個選んでもらい、それらの言葉を全部使って文章を作ってもらうという課題。

「詞寄せ」とは、私が始めた〝作文〟へのスタートとして用いる手法、技法。これは、作文教室を始めた十三年前から、現在まで欠かさず繰り返し子ども達に課題としています。遊び感覚いっぱいの、楽しみながら学べる「書くことの入り口」に当たる、ごくごく初歩的な、文章展開方法論といえるものです。

子どもに言葉を選ばせる

やり方は、まず、子ども達の一人ひとりにまったく脈略のない言葉（単語）を一個、二個と出してもらい、その言葉が七個、八個と揃《そろ》ったところで、それらの言葉を全部含んだ四百字前後の文章を書いてもらいます。文の長さ（文字数）は、列挙された言葉の数の多少によって変わります。例えば、子ども達の口から、それぞれに、思いつくまま挙がった言葉が、「ノート」「プール」「どら焼き」「パイナップル」「マンガ」「柔道」「そろばん教室」「窓ガラス」と、八個だとします。どの言葉を、どのように使っても、使う順番も、まったく自由です。子ども達は誰かの口から出た単語が学用品だと、次に口を開いた子も、それに続くという傾向にあったり、学校の施設（プールなど）など関連の言葉が出たりします。

こうやって次々に並んだ言葉は、いきなり大人から「これを使って作文を書きなさい」と与えられたものとは違い、自分達の内側から出てきた情熱がこもっているので、子ども達は一心に打ち込みます。ここを大切にしなくてはなりません。

私の打ち出した、この「詞寄せ」という手法を、早速授業に取り込みやってみたという先生の話を親御さんから耳にしました。黒板に「学校、友達、勉強、スポーツ、成績、努力、先生、校長先生、結果」と言葉を書き出し、「さあ、この言葉を全部使って、文章にしなさい」としたのだとか。大変熱心な先生とは思いますが、先生が何を求めているのか、どう書けば、先生からハナマルをもらえるのか、子ども達には挙がった単語の表情で、何も自分の頭をひねって考えなくとも、書かなくてはならないことがわかってしまうのです。

だから決して大人から子どもに一方的に言葉を与えず、子ども達個々の自由意志に任せなくてはなりません。自由意志に任せるところに、深い意味があるのです。

「詞寄せ」で広がる想像力

前掲した八個の言葉から生まれた作文は、当然ながら全員が一人ひとり異なります。四年生の男の子の文章を挙げてみます。

体育の時間、プールで泳いでいても、家に忘れてきた算数のノートのことが気になってしかたがなかった。きのう、晩ごはんのあとに、おばあちゃんから送られてきたどら焼きを食べすぎたのが悪かった。時間割もしっかり調べずに、マンガを読みながら寝てしまった。プールから出ると、ゴシゴシ、タオルで髪をふいたのに、ろうかの窓ガラスに映ったぼくの髪は、パイナップルみたいな形になっていた。
下校したら今日は柔道に行かなくてはならない。プールの後は、いつもぐったりして柔道はつかれる。山口君はいいな。そろばん教室だから、うらやましいよ。

みんなの四百字前後の作文を読み上げながら私は伝えます。

「ノート、プール、どら焼き、パイナップル、マンガ……何の繋がりもなく、ただこうやって並んでいた一つ一つの言葉が、みんなの文章の力、心の想像力で繋がって、こうやって、ちゃんと別の新しい世界が生まれました。すごいでしょ。面白いよね。言葉って魔法の力があるのよ！」

みんなは、あらためてバラバラに並んだ言葉と、「文」になって記された原稿用紙をじっと見つめます。

ここからが始まりです。言葉への関心も文章というものの不思議も、「書く」ことへの興味も、そして自分という者への驚きも、全ては、ここから始まるのです。

この「詞寄せ」手法をしっかり覚えると、いずれ「感想文」と称される文の全ては、印象的な記憶に残る言葉を一つ一つを思い出して数え上げるところから始まります。それらの言葉を生かして文章を綴《つづ》るということも可能になり、より容易になり、その言葉を使う順序も工夫すると、まとまりのある作文が書けるようになります。

なぜ？　は考えることの入り口

子ども自身の「なぜ？」「どうして？」という疑問を短い文にし、子どもは自分なりの考えを進め、答えを探しながら文章にしていきます。その中で考えることと、書くことの両方が備わります。

問うことは考えること

子どもは小さい頃に、一日中「どうして？」や「これはなあに？」と問い続ける時期があります。

その時期は、言葉を少しずつ覚え、単語から始まって、短い文章で自分の意志を伝えられるという、表現の入り口に向かう時期にほぼ一致しています。私は、それを、「心の捉える不思議」や「不可解」「わからなさ」を「わかること」へと結んでいきたいと願う「人としての成長を求める本能的な生きる意欲」と見つめてきました。

言葉を用いることができ、問いかけるという心の動きが生まれること、それは人としてのなんという美しく逞《たくま》しい生命力の発露でしょうか。

問うことは考えることの入り口。考えることは人が人としてあるための基礎。そして証。

小さい子が「これなあに？」「どうして？」と大人に尋ねる時期と、なんでも「イヤ！」とわからず屋になる時期とは前後し、ほぼ同じ。

そして子どもが思春期に反抗する時期もまた、心の中には、多くの大人社会への疑問や批判、親と自分の間柄への矛盾や、さまざまの「イヤ！」が渦巻いています。

「なぜ？」「どうして？」「何？」という問いかけは、人生でいつだって人の成長にピタリと貼りついて存在します。そして「考える」という行為も、そこに同時に生まれているのです。

私は、教養というものが学歴や偏差値といったモノサシだけでは測れない「考える」という行為の方法と方向性、内容に表れるものの総称だと考えています。

疑問から拓かれる文章力

「ディープラーニング」という言い方が、学びの場の必要事項としてメディアを通して広く喧伝《けんでん》されるようになりましたが、「ディープラーニング」に至るには、学ぶ側に「ディープシンキング」が育っていなくてはなりません。

そして「ディープシンキング」を育てるために必要なのは、大人の側からの「ディープティーチング」という働きかけだと思います。そのように言い切ってよいと思っています。

幼い頃に、なんでも「イヤだ！」と応じ、その一方で「どうして？」「これは何？」と問いかけるその時期と、なんでも抵抗、反発したくなる時期の「心」を、上手に「考える」ことへと結びつける導き、工夫が欠かせません。

大人に「これなあに？」「どうして？」「なぜ？」と問うていたそれを、本人が自分の中に育てていくことの経過の内に、先に向けての「ディープラーニング」の芽が伸びるのです。作文の課題でも

「なぜ○○は××なのだろう」
「どうして○○は△△ではないのか」

そのタイトルで自分の「問い」「疑問」を短い文にし、その中で、自分なりの考えを進め、答えを探していきます。するとやがて、もとの問いと疑問は一つの考え方へと集約するのです。その過程が大切なのです。授業では子どもの学年により導入として、「どうし

て○○は××なの？」という短い文を「つぶやき」のような形で書かせたりしています。その問いかけを自分にいく度も繰り返し、「不思議だな」の書き出しと、その繰り返しの流れの中で「疑問から、考え方を発展させる糸口」をつかんでもらうこともできます。

四年生の男の子の「つぶやき」

ふしぎだな。／どうして　お母さんは言うのか。／お兄ちゃんでしょと。／どうしてお兄ちゃんは／いつもがまんしないとダメなのか。／どうして　妹はがまんが少しでいいのか。／どうして　こんなことをきめたのか。／いったい　だれがきめたのか。／ほんとうにふしぎだ。

そして、そこから生まれた作文。

がまんは、とてもつらい。がまんはイライラする。それにがまんは悲しい。がまんしているうちに、はらが立ってくる。でもがまんしてると、妹は泣きやむし、お母さんが、どなるのをやめる。家の中が急にしーんとなった。テーブルについてから、ずっと言い争っていたけど、ぼくが妹に言いかえすのをがまんしたら、お母さんが、なっとうをかきまぜるカシャカシャいう音だけが大きく聞こえた。くやしかったけど、ぼくのがまんで、妹も、お母さんもだまってしまったので、がまんできる人ががまんすると、そのがまんが、まわりをしずかにすると気がつく。たった三つしか、としがちがわないのに、としが上なだけで、ぼくはくろうしている。とし上は、くろうするけど、がまんもできるからしかたないのかな。

母親の納豆をかきまぜる音が響く食卓に気づき、その「静寂」が、自分の忍耐によって成立しているという発見。そして、忍耐ができるのは、それが理不尽とはいえ、自分が三歳だけ年長であることによっていると分析し、自分の立場を今、ここで不承不承受け容れようという心の着地点に、書きながら気づいていった過程が描かれています。

不承不承であれ、自分の不快を整理整頓して、わが心を納得させるために導き出したこの男の子の論は、「考え方」の一つの道筋を、彼の中に開いていきました。その過程がしっかりと書かれています。それは、他でもなく冒頭に記した成長の途中で、自分を拓いていくときの有意義な力となります。

意外性を生かしたタイトルをつける

反対のイメージの言葉をタイトルに使って、文章を作るという課題。かけ離れた言葉を矛盾なく生かし、感覚の揺れ幅を広げ、一つの世界を描いていきます。

タイトルを生かして書き進める

ある日、子ども達に、言葉で表せば対極にあるという矛盾したイメージの事物や現象をタイトルに二つ並べてみて、そこから文章を書き起こしてみようという課題を出しました。（余談ですが〝対極にある〟という言葉も、現在は〝真逆の〟などという言い方が定着してしまいました。私にはこれが不快なので、子ども達に授業で用いることは決してありません。）

まず、その日の作文の内容と、矛盾を孕《はら》んだタイトルについて、具体的に私自身の体験から説明します。

私は年齢の所為《せい》で、白内障も進み、晴天の明るくまぶしい陽の光の下を歩くと、辺りの景色が光を放ち、自分の足元もピカピカと輝き、その輝きで、小石も道の段差も、まるで見えません。若くて元気一杯のときには、本当に気持ちのよい、散歩にもってこいの陽気も、こうなっては暗闇も同然です。転ばぬよう、つまずかぬよう、そろそろ、ゆっくり歩きます。

私の現状を話してから言います。

「この現状を、私が文章にしてエッセイを一つ書くとすれば、タイトルは『真昼の夜道』とでもするかもしれません。『光る夜道』や『輝く夜道』では、LEDで光るオシャレな夜道のことかと思われるから、そのイメージではダメなので。タイトルを見て、読む人が〝エッ!? どういうこと?〟と、そんな不思議な感じを抱いて、その不思議な感じに引っぱられて、内容を読み進めるでしょう。やってごらんなさい――」

説明は五分ほど。この言葉が終わると同時に三年生の男の子が書いたタイトル。

「ちょうかわいくて、ちょうにくらしい妹」

妹は五歳。この三年生のお兄ちゃんよりも強いのだと、お母さんが言っていたのを思い出させるタイトルをつけていました。

それから、続々とタイトルが書きつけられていきます。「平気な顔であせってる僕」「骨折の体でジャンプした」「待ち遠しい歯医者さん」「カツ丼で負け続き」「ヤバイはヤバくない」

四年生のときから不登校気味な五年生の男の子。作文の授業には一か月に一度必ずやってきますが、学校には保健室に少しいて、午前中には下校するというこの男の子が書いたのが、「骨折の体でジャンプした」という一文。保健室登校も週に二、三度という日々の中で、夏休みの間、ずっと祖父母の住む田舎で過ごした彼は、その夏休みの間に起きた自身の出来事を書きました。

（前略）毎朝、早くに起きて、おじいちゃんとカエルを見つけてはつかまえて、ポリ袋にいっぱいにして家に帰り、それから、まだ朝の六時すぎだというのに、テーブルについて、おばあちゃんと三人で朝ごはんを食べる。カエルは、ポリ袋の口を閉じて、その袋にはおばあちゃんの使っているぬいものの針でポチポチとつついて穴をあけて、カエルが死なずに、息ができるようにして、毎朝、そのポリ袋をテーブルにのせて、見ながら、ごはんを食べた。

次の日の朝になると、前の日の朝の散歩でつかまえたカエルをにがして、また別の、新しいカエルをつかまえる。そして、また朝ごはんのときは、それをながめながら、食べる。

お母さんだと「テーブルにカエルをのせないで。」と、きっと怒る。でも、おじいちゃんとおばあちゃんはニコニコして見ている。そして「カエル見ながら食べると、ごはんおいしいか？」と笑う。（中略）夏休みの終わりごろ町でお祭りがあった。（後略）

そして彼は、おじいちゃんの勧めで子どもみこしのメンバーの一人に加えてもらい、近所の子に混ざり、おみこしを担ぐことになった。彼にとっては大きい冒険でした。しかしそれを立派にこなしたとき、おじいちゃんが彼に言った一言が、作文のタイトルになりました。

「学校が苦手でも、上手に元気よくおみこしをかつげた。おまえは骨折してもジャンプしたのと一緒だ。エライもんだ！」そしておじいちゃんは言う。「毎朝、カエルをにがしてやってたから、カエルの神さまが足に力をくれたんだな。」

この作文を書くときの彼は、一瞬も鉛筆を止めることなく、生き生きと原稿用紙に向かっていました。

タイトルも、内容も当然ながら、弾んでいます。

歯医者に行くのがイヤではないという四年生の男の子。作文によると、歯科医のコレクションの古い漫画本が、待合室に全部揃えて並べて置かれているのだとか。だから待合室での時間が、短く感じられるそう。見たことのない古い漫画の続きを読みたくても、貸し出しはしていない。だから「はい。今日で治療はオシマイ！」と先生に言われると、彼は「えーっ！　まだ通っても、ぼくは別にいいんだけど……。」と、思うそう。

彼も上手にタイトルを生かして、歯医者の風景を一つの世界として、書くことに成功していました。

バスケットボールに打ち込んでいる五年生の女の子は、チームの姿を描きました。いつも他校との試合で勝ち進んでいても、それが、「いよいよあと二試合、ここで勝てば、優勝」というときになると、「必ず『何かの呪いにかかったように』急にぐだぐだに負ける。」のだそう。これではダメだと「チームは全員で口癖のように顔を合わせると『ヤバイよ。ヤバイよ！』と言い合うほどだった。」とか。そう言い合っているうちに、どんどん、みんな揃って胸が苦しくなるくらい必死になってきて、「やがて、このままではマズイよというヤバイが、ここを踏んばらなければ、ゼッタイにダメなんだというみんなの決意の合言葉のように変化していくのがわかりました。」ということに。そして。「三年ぶりの優勝を勝ち取ったとき、私は思いました。ヤバイよはヤバくない。」

子ども達は、一見、矛盾を孕んだ言葉を連ね、それから、その矛盾を含む言葉が並ぶタイトルがちゃんと意味の通じる世界に繋がるための、一つの「効果」としての「装置」であることを理解して書き進めるのです。そうすることでタイトルのもつ「装置」としての効果とその意味を、自ら書きながら実践のうちにしっかりとつかんでいきます。

子ども達は、かけ離れた言葉を並べ、それを矛盾なく生かすために鉛筆を手に原稿用紙に向かいながら、頭の中では右から左、上から下へと感覚の揺れ幅を広げ、その広がりの中に読み手への説得力を探りつつ、表現に心を込めて、一つの世界を紡いでいきます。

この授業を楽しみ、味わいつつ書いていく子は、必ず言います。

「先生、もう一回、真逆の言葉を使って書こうよ」と。

一行から四百字へ文章を膨らませる

一行の文をいくつか提示して、その文に自分なりのイメージを自由に楽しく書き加え、一行文を長文へと成立させる課題。

一行から長文へ

「書き込む」という行為、つまり文章にする対象について「より丁寧に」「より細かに」「より詳しく」書いていくとは、どんな風に文章を重ねることなのか、それを子ども達に伝えます。

俗にいう「文章を膨らます」ことの実践の課題です。

こちらから、一行の文を提示します。

こんな風に。

「テーブルの上に、クマのぬいぐるみがあります。」

「皿に魚がのっています。」
「ペットが見つかってホッとしました。」
「ハンバーグは黒く焦げていました。」
「妹は、かき氷を夢中で口に入れました。」

五つの一行文から、自由に楽しく、自分なりのイメージをどんどん書き加え、書き込んで内容を広げてもらい、二百字あるいは三百、四百字と書いていく作業を促すと、子ども達の文は、それぞれに自分達の見知っている日常生活を思い起こし、それを活写しつつ、ちゃんと一行文を長文へと成立させていきます。

六年生の女の子。書き出しの描写は、こうです。

両親の結婚記念日に買った透明な大きい皿の上に、お刺身になった四匹分の魚がのっていて……。

また、別の六年生の女の子の書き出しは、

母の日の記念にプレゼントした皿は、カーネーションの絵が描かれています。その皿にのったさんまが三匹、こんがり焼けてとてもおいしそうなにおいがしています。そして……。

かと思えば、サッカー大得意の六年生の少年は、より自由に楽しく書き進めています。

父が迷いに迷って買った四十六万円の大皿の上に、父が釣ったサバがドーンとのっています。もうじき、親類の人達が、このテーブルの周りに集まるのです。

このようにそれぞれの書き込みが広がり、状況が一つの「世界」を形作っていくというわけです。

クマのぬいぐるみは、

小学一年生の妹が、五歳のときから両親にねだっていました。イギリス製で高い物だったので、なかなか買ってもらえず、やっと今日、一年生になった誕生日のお祝いにこの家に届きました。

ということになって話が展開していきます。これは四年生の男の子の作文で、どうやら実話をアレンジしたものとか。

また、「ハンバーグは黒く焦げていきました。」の一行を話の終わりにもっていき、焦げてしまうまでに起こった、現実にあった出来事を書き綴ったのは、六年生の女の子です。

家庭科の授業で、ハンバーグを作ることになった前の週の日曜日のことでした。

お母さんが、「今日、みんなで自分が食べる分のハンバーグを、一人一個ずつ、焼いてみない？」と、言い出しました。

私たちはうれしくて、「ヤッタァー！」と大喜びで。三年生の妹も、一年生の弟も、肉をこねて、両手をベトベトにして、大はりきりです。

と書き始め、テーブルにホットプレートを出して、一つ一つ、丁寧に成形したハンバーグを並べ、部屋中によい匂いがし始めたとき、電話が鳴ります。電話の相手は、仕事でアメリカに出張中のお父さん。五日後に帰る前に、子ども達のおみやげのリクエストを尋ねる電話でした。子ども達は一斉に、お母さんの手の電話に自分達の手を伸ばし、お父さんとの会話に夢中になります。そして、みんなの電話が一段落し、お母さんが電話機を、本棚の上に戻したという記述の後で、最後の一行へと続きます。

ハンバーグは、黒く焦げていました。

子どもの内側にある言語を引き出す

子ども達は何につけ、とにかく「好きに書く」のが大好きです。

たった一行を提示されただけでも、その一行を表現の導火線にして、これをどう生かして作文（話）の前後を組み立てるか、加えて、その一行を四百字の文章のどこにどう配置すれば、文章として自分で納得できるものが仕上がっていくのかを工夫します。

子ども達に一行を与えて、そこから四百字をそれぞれに生み出すという作業は、当然ながら、「作文教室」にやって来て、すぐにはできません。

本来、子ども達自身の中に眠り込んでいる言葉を、本人達の力で自分達に取り戻させる課題を一年、二年と与えていくと、やがて子ども達は、自分の言葉に「気」を通わせていくようになります。言ってみれば、ここにやってくるまでの私の仕事は、「表現へと向かうための心のマッサージでもあり、言葉の体幹トレーニングでもある」のです。換言すれば「自由な心の蘇生術《そせいじゅつ》」を中心とした導き――つまり遊び心や、自由自在な発想と意外性の承認等々――を、どんどん取り入れる作業なのです。

それは、子ども達の日頃の「言葉の運動不足」を、さまざまなプログラムによって解消させる試みを繰り返すことで、子ども達は「書き表す」ということの輪郭を、徐々に、そして、やがてしっかりと把握していくというわけです。一切教えなくとも、起承転結さえも自然に自発的に成立させるようになります。

毎回同じ文章は、ほんの少しのアドバイスで

よく、お母さん方から耳にする声に、次のようなものがあります。

――子ども達は、学校で三行日記とか五行作文などを教師の指示、あるいは学年の方針などで書き、それを提出するのですが、その三行、五行文が、とにかくマンネリ化していて、

これでよいのでしょうか——と。

この訴えは、かなり多いのです。ルーティンワークと化している三行文をどう工夫すれば、「文を書く意味」として、子ども本人の中に育てていけるのかを次に記します。

例えば、四年生の子どもの

「○月○日、今日は学校から帰ってひろし君と遊びました。夕ごはんはカレーでした。カレーは甘口でした。とてもおいしかったです。」

という文は、その翌日は

「△月△日、今日は学校から帰って、たかし君と遊びました。夕ごはんにハンバーグを食べました。ぼくは二個食べました。」

という風で、母親は、この文のなかみをなんとか変化させるには、どうしたらいいのかということに頭を悩ませていました。

それが三行文であれ五行文であれ、**「書かれていく内容の風景を変えてみる」**とか**「そのときの自分の気持ち、思いを書き添える」**といったことを、**ほんの少しアドバイスするだけで、少しずつ子どもの文が変化していきます。**

前述の「○月○日」は、

「ひろし君と遊んでいるうちに、うす暗くなりました。夕食のカレーはじゃがいもがとってもやわらかくておいしかったです。肉はとり肉でカレーは甘口でした。」

となり、「△月△日」の分は、「夕ごはんにハンバーグ」の前に、こんな一文も入っていました。

「たかし君が遊ぶやくそくの時間に二十分もおくれて、少しけんかになったけど、帰り道は、なぞなぞをし合ってわかれました。ねる前に、ぼくが怒りすぎたことをこうかいしました。」

と、書いてあります。他の日とは別の「その日」が浮き上がっています。

子どもは、こんな風にして一日の日記を書き起こすとき、それが三行であれ、どこを思い起こして、どう書こうかと考えていく訓練ができていくのです。そして「その日」が、しっかり浮き上がるのが「日記」の役目だと知っていき、「伝えることの文の流れ」というものに対しての筋トレが進んでいきます。

手紙の役割を味わう

子ども達に「手紙を書いてみましょう！」という授業は欠かせません。「手紙」という文化を伝えると共に、相手へのさまざまな感情が立ち上がり、言葉があふれていく。

消えつつある手紙文化

世の中から、「手紙を書く」という行為がとんと遠のきました。つまり、日常生活で「手紙を他者に向かって出す」という習慣が抜け落ちて久しくなりました。私はケータイもスマホも使っていません。

私の家のポストに、友人、知人から「お久し振りです！　お変わりありませんか」といった「手紙」も届くことは激減しました。

みんなケータイやスマホで連絡し合い、ホームページだ、ブログだ、ＳＮＳ（ソーシャル・ネットワーキング・サービス）だという風で、わざわざ「便箋《びんせん》を開いて、筆記用具を片手に言葉を紡ぐ」などということは、しなくなりました。大人たちが、そんな暮らしなので、少し前までは〝通信手段〟として、大事な役目を担っていた「手紙」は、子ども達にとっては、肩の力を抜いて楽しみながら、相手に向かって語りかけるという調子ではなく、何やら妙に硬く身構えて「取り組むもの」になってしまったようです。これではやがて暮らしの中の「文化」の一つの形が消滅していくでしょう。

子ども達に「手紙を書いてみましょう！」という授業は欠かせません。試みなければ、そのまま消えていくような「文化」を、どんなにささやかな形でも、子どもの記憶にしっかりと留《とど》めておきたいものです。

まず、手紙を書く相手を自由に選びます。その一通を誰に出すかを決めさせ、この授業ではタイトルは「〇〇さんへ」となります。

誰に書いてもいいわけですから、祖父母宛でもいいし、いとこの〇〇ちゃん宛でもいい。お話の主人公に向けて「ハイジへ」とやる子もいるし、「織田信長《おだのぶなが》様へ」と一生懸命書く歴史大好きの少年もいれば、アイドルグループのメンバーの一人に向けて、スピーディーで仲間の誰よりもキレイなバク転の、そのコツを、是非知りたいと熱く頼む子もいる。けんかして、まだ仲直りできていないサッカー仲間に、一生懸命詫《わ》びる手紙や、アニメの主人公に夢中で鉛筆を走らせ、止まらない子も現れます。

手紙に表れた子ども達の心

子ども達の「手紙」に表出される言葉を寄せ集めると、相手への称賛（ファンレターの類）や、問いかけ（問い合わせを含む）、そして依頼（ある種のおねだり）や、いたわり、ねぎらい、それから誓いや詫び、小さな抗議などが浮かび上がります。

子どもの心の中には、言葉があふれていて、語りかけたい言葉は、子どもの心の底に積み上げられています。ただ、それをわざわざ紙に書くという形で表出してこなかっただけだと、本当によくわかります。

子どもの内側には、ちゃんと伝えようと思えば伝えられることが、そのまま置き去りにされている場所があるのだと、つくづく思わされます。

「いつか、こう言いたい。こんな風に話しかけたい」と思っている（思っていた）ことが、（たとえ相手が、織田信長でもハイジでも）ちゃんとあるのです。

信長さん、世の中の人は、みんなあなたをがまんの足りない、すぐにカッとする心のせまい男のように思っていますが、このぼくだけは、ゼッタイそんな風に思っていませんので、ご安心ください。あなたは、みんなが思うよりもっと大きいこと、日本の進み方などを深く思っていた人だと思います。

と信長に語りかける六年生の男の子の手紙には、文字通り、時空を超えた「憧れ」「愛」がこもっています。

ハイジさん、ハイジちゃんって呼んでもいいですか。私は、きっとアルプスで、ペーターの家のとなりに住んでいたら、ぜったい、ぜったいハイジちゃんと大親友になれると思います。一緒にあそんでも、とても気が合うと思います。一番の理由は、私はとてもはだしでいるのが好きなことです。

と書くのは二年生の女の子。ソックスを脱いでいるのが好きなのだとか。

一人ひとりの子が一心に語りかける様子には胸を打たれるものがあります。

「手紙を書く」という課題を、いきなり出されても、こうして語りかけたい思いを次々と言葉にする（できる）力をしっかり心に秘めて生きている子達の「今」が、本当に尊いと思わされます。中に、なかなか味わい深い手紙を書いた五年生の女の子の一文がありました。「私たちが別れて会えなくなったのは二年生の終わりでしたね。」と転校していった友達に向けて呼びかけ、「毎日の下校のたびにあなたの口から出た話がとても面白くて、私はその話を全部信じていました。」と続け、その友人が「みんなの見えないものや聞こえないことが全部わかるのだというのをドキドキしながら受け止めていた。」と記し、やがてそれが友人の作り話だったことしや、彼女は嘘《うそ》つきな女の子だということも、周りはみんな知っていたことを、自分はずっと知らずに過ぎていたのだと告げています。その手紙の最後に彼女はこう結んでいます。

この手紙書けてよかったです。今、あなたは元気ですか。引越先の住所も教えてくれないまま、三年も経ったけど、私はあなたのことを忘れていませんし、あなたを好きです。あの下校の時に話してくれたことが本当のことだったのだと、思うようになっています。今、元気ですか。

「まぼろしの友達へ」という手紙のタイトルも味わい深い。

この授業が終わってから、みんなに尋ねました。

「手紙って、どうだった？」

するといろいろな感想が出ました。

「なんか……。なんか手紙っていい。スッキリする」

「あのね、手紙というのは、自分の気持ちの感想文なんだなと思えた」

「今よりも、もっと相手のこと知りたいとか、もっと仲よくしたいという心が伝わるものなんだと感じた」

そして「まぼろしの友達へ」と題して書いた子は、「心の中で、もやもやしていたことが整理できました」と、そっと私に告げた。

気になる誰か、語りかけたい誰かに向けてせっせと「思いのいろいろを言葉にして送る」という行為を一つ終えた後、子ども達の表情は、通常の作文や詩を書き上げた後とは別の、外で思う存分好きな遊びをしてから家に帰ったときの表情と同様、スッキリと、そしてのびやかで満ち足りたものに包まれていることを伝えておきましょう。

さまざまな書き方、表し方

ぬいぐるみ、りんご、みかんなどを利用し、〝文章表現〟の基本をつかんでもらう試み。楽しい教材と「文」とを並行させ、それを丁寧に、わかりやすく繰り返してみせ、言葉にしていきます。

私の教材の中には、民芸玩具《がんぐ》やぬいぐるみなどが登場します。そのいくつかを紹介しましょう。

子どもが生まれたとき、私は商店街の小さい玩具店のウインドウの前で足が止まりました。ウインドウには、ゾウだのクマだのライオンだの、高さ二十センチほどのぬいぐるみが並べられていました。私の足が止まってしまったのは、その動物達が一匹ごとに自分の「子ども」を抱いていたことでした。

ぬいぐるみの、子どもを抱いた形は単純なもので、両の手が左右とも、前へと伸び、手の先には面ファスナーが小さくついていて、それを留めて両腕を輪にして固定すれば、親ぬいぐるみの腕の作るその輪の中に、親と同じ形の小型の、子ぬいぐるみが納まり、親子の相似形のぬいぐるみが、前向きで座っているスタイルというもの。

私が初めて母になり、以後の毎日は、私と子どもとはいつもどこでも〝ワンセット〟の日々を生きていました。夕食の買い出しの帰りだったそのときも、ベビーカーの中に長男がいました。

ウインドウのぬいぐるみの、ゾウやクマやライオンなどの母親と子どもの姿が、そのまま「私達の姿」に重なり、迷わずに四種類の動物の親子のセットを求めてしまいました。

半世紀近く後に、このぬいぐるみが作文の教室で大活躍することになるのですが。

言葉、文章の言い回しが育まれる

外国語の勉強などで行う「構文」に当たる「言葉、文章の言い回し」について、小さい子たちにわかり易く身につけてもらうのに、この親子ぬいぐるみの登場は便利なのです。

例えば、ゾウの親子とクマの親子を並べて机に置いてみます。

「この今の状態を、文章で表してみて」と言います。小さい子達（二年生ほど）だと、

「ゾウの親がゾウの子を抱いて、クマの親はクマの子を抱いて座っています」

五年生も終わる頃の子達だと、「ぬいぐるみの親ゾウと親グマが、自分達の子どもを腕に一匹ずつ抱いて机の上に並んで座っています」

そして親ではなく、子のほうに焦点を当てて書けば、「ゾウの子は親ゾウに抱かれ、クマの子は親グマに抱かれています」となります。

子ども達は、自分の言い方で、目の前のぬいぐるみの光景を表現します。

どの子の言い方も正しい。一人ひとり違う言い方でも、どれもみんな内容は正しいのだということを、二、三年生の子達はあらためてかみしめるように、「ナルホド」といった顔つきになって友達の一つ一つの表し方を、ノートに書いていきます。

それから、さらに別の言い方を探し合います。

「親」という言葉も「子ども」という言葉も一回しか使わずに表現すれば？

「ゾウとクマの親が、腕に自分達の子どもを抱いています」

今、算数の文章問題の、問いかけそのものを読解できないとか、あるいは国語の授業でも教科書の内容そのものを読み取ることが困難であるなどといった子も少なくないという状況を少しでも解消する手だてとして、このような**「一つのことをいろいろな言い回しで伝える」という学びも、やってみる必要を感じています。**

幼いときから、ある状況を表す表現の仕方、方法は決して一つではないこと、言い換えてみる工夫や努力を実践し、それを繰り返すことで、子ども達は低学年のうちに、よりわかりやすい言い方、書き方をつかんでいきます。

このような、低学年向けの〝文章表現〟の基本をつかんでもらう授業を進めるコツは、ビジュアルな教材と「文」とを並行させ、それを丁寧に、わかりやすく繰り返して見せる努力と、それを言葉にする試みを交互に実践することです。

多様な言い回しの工夫を

前述のぬいぐるみは、ライオンの親子も加えていろいろに展開し、より複雑に言い方を変化させる工夫もします。また、りんご、みかんなどを持参し、並べ方を変えては表現してみることも。りんご三個、みかん四個の場合、まず、りんごだけを三個並べ、その後ろにみかんを四個続けて置く。この状態を、言葉で的確に言ってもらいます。

「りんごが三個、みかんが四個、全部合わせると、七個テーブルに一列に並べられています。並べ方は、まずりんご、その後ろにみかんの順です」

りんごとみかんを交互に並べると、

「テーブルの上に、りんごを先頭にみかんとりんごが次々に順番に並べてあります。三個目のりんごの後ろには、みかんが二個続いています」

子ども達が状況を言葉にできるようになると、今度は逆に、言葉で伝えた内容を、目の前にビジュアルで再現してもらいます。

子ども達同士で、この作業を交互にさせると、楽しみながら、いろいろな状況と表現を実感しつつ身につけることができます。

「りんご三個の上にみかんを一個ずつのせ、並べます。残りのみかんは、三個目のりんごの後ろに置いてください」等々……と。

教材として子ども達の前に出して使う物はなんでもよいのです。ビジュアル性を十全に生かし、楽しめる物なら。

折り紙とか色画用紙、彩色されたビー玉や、おはじきに合わせ、無彩色のビー玉やおはじきも、いろいろに使えます。ビー玉やおはじきの状況を、原稿用紙を脇に置いて書き留めたり、あるいは、言葉で話す（説明する）状況を、目の前のビー玉や、おはじきで、そっくり正しく再現してみたりもします。

さらに、他の言い方も試みます。

目の前のビジュアルと共に、「言葉」を（その状況を表す表現とを）ピタリと同時に扱い、子ども達がつかんでいくものは、くっきりと力に変わっていきます。

加筆すべきは、子ども達は「一つおきに置く」とか「二つおき」に、そして「交互に」といった言い回しを知らないことも少なくないこと。日常に、このような言い方で、子どもに何かを伝えるということを、親は忘れているのではないかと、ふと思うことも。テーブルに皿を並べるのでも箸《はし》を置くのでも、〝多様な言い回し〟を工夫してほしいと思います。

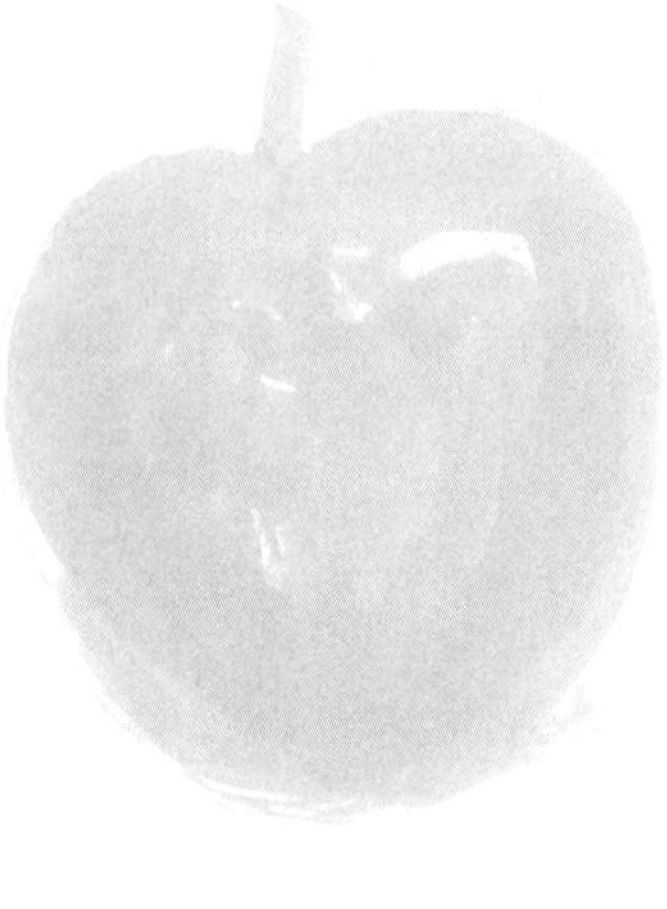

子どもの持ち味を受け止める

子どもは一人ひとり違います。「何を見るか」「何に気がいくか」「何を感じるか」ということの中に、子どもの持ち味が現れ、そこから表現が生まれます。

子ども達と一緒に作文を、より生き生きと書き進めていくための授業を続けてきて何よりも強く感じたのは「子どもは表現を持っている」「個々に表現を持って生まれてくる」という厳粛、かつ深遠な道理です。

「持ち味」という言葉があります。持って生まれた味と記すこの言葉。りんごにはりんごの、桃には桃の、ぶどうにはぶどうの「味わい」というもの。子どもにも持って生まれた個々の味わいというものがあるということですね。

何かを見てどう感じるか、何を思うかは、子ども一人ひとり違います。さらに「何かを見て」と書きましたが、「何を見るか」「何に気がいき、どこへと視線が動くか」という、そのことが既に、子ども一人ひとりの、持ち味として現れる部分です。

その「違い」に、子ども本人が気づき、さらにそのことで自分なりに持っている個別性をあらためて振り返るとき、その子は自尊の念を、自ら育てていきます。そして、そのことが、そのまま自由な表現の豊かさへと確実に繋がっていくのです。

作文の基本は自らの心

私が、子ども達が学校で書いた（いや、書かせられた？）作文を読む機会があるとき、最も残念で、歯がみしたくなるほど辛く感じるのは、学校という場の「指導」というもの（指導と呼ばれているもの、指導と認識されているもの）の、ある種の怖さと残酷さです。

ここでは、子ども達に「ものの感じ方」や「見方、思い方」まで「指導」し、一人ひとりの子の視線の向け方やその方向性も一つに束ね、子どもが自分の個別性などに気づかぬうちに――自尊の感情の内に自らを育てることの時間《とき》を一切待たず――全ての子を同質化、均一化していくことを、教育の真髄としている向きがあると感じます。残念でなりません。

大人達が、子どもの持っている豊かな内面とその持ち味を見ようとする前に、子どもは何もわからないのだから、とにかく教え込み、より伸びるように知識を叩《たた》き込み、引っぱらなくては成長できないのだと、決めつけていないかという疑問です。これは既に、子どもを相手にするときの、大人の習慣になっているかのようです。

算数、数学のように、ある一つの答えを正しく導き出すのに必要なこととして、一定の公式を頭に叩き込まなければなりません。しかし**作文は、自らの心の表出が基本。それが素直に行われるための最良の第一歩は、「思い方、考え方」を大人の望むように誘導しないことに尽きます。**その上で、子ども一人ひとりが書き出した「言葉」については、日本語として、明らかに使い方が間違っているものについてだけあらためます。それ以外は、文章に表れた書き手本人のものの受け止め方や感じ方については、考え方が極端に非人間的、非人道的なものでない限り、大人は「なるほど。こういう思い方もあるわね」と、その子の心に思いを馳《は》せ、読み手という一人の人間としてそれを受け容れる。すると子どもは、書き表すという行為に臆することがなくなり、加えて「正しい感じ方」などというものが、自分の外や先生の中にあるのではなく「このまま自分を表出していいのだ」という気持ちが、本人の中に育っていきます。

それは、ありがちな手垢《てあか》のついた「ありのまま、そのままのあなたでいいのよ」などという表現で口で伝えなくとも、子ども自身が気づき、自分に納得し、自分を肯定していく形で表れます。子どもは自分で自分の力に気づいていけば、必然的に自分を肯定し、顔を上げ背を伸ばします。そして、自分の本質に、自身の手でせっせと肥料を与え始めます。つまり「持ち味」を磨くのです。結果として、りんごはりんごの、桃には桃の、味わいが生まれることになります。

既成の知識の暗記能力を磨いていく時間は優先されても、自分の感じ方、考え方、出来事への受け止め方と心で向き合い、それをしっかり自分の言葉にしてみる体験を学校教育の中で繰り返さずに、子どもが成長していくことを、ある種の痛々しさ、切なさを抱いて見つめてしまいます。

作文ぎらいの子が生まれる道筋

子どもは本来、自分の中に、生活を通した自分の感覚と自分の言葉を持っています。これは子どもの生活年齢に添う形で、本人の中で静かに熟成されています。大人が、子どもの心に働きかけ語りかければ、必ず子ども本人が気づかぬままに熟成されているそれらに触れていきます。そこを大切にして育てることです。例えば、**一緒にテレビのニュースなどを見ているときに、子どもに「これ、どう思う?」と問いかけるなどしてみます。注意すべきは、〝働きかける〟ことを〝問い質す〟こととカン違いしないことだと思います。**

あくまでも子ども本人の言葉を待つことが第一に優先すべきことで、決して〝あれこれ問い質し引き出してはならない〟ということですが、ここを大人はよく間違えます。よくあることですが、**作文を書かせるときにも、詰問調で子どもに言葉を吐き出させ、「口で言えるなら、その、今言ったことを書きなさい」などと命じ、学校で出た宿題の作文を書かせたりする人がいます。このやり方は、間違いなく「作文ぎらいの子」を作る道に、まっしぐらに向かっているといえるでしょう。**

口で言うこと、文字に書くこと

まず第一に、口で言うことと、それを文字という形で、文章に置くのとではまったく別の作業なのだと知るべきです。そのことに思いをいたさず、ごく簡単に感じていることを確認し、口で言わせ、「さあ、今言ったこと、それを書けばいいのだヨ」と言うのは言葉を引き出しているのではなしに、大人という他者が吐き出させているに過ぎません。歯磨きのチューブを口とは逆の方からグイグイ押して口まで中身を押し上げているに過ぎないのです。子どもは、自分で十分に感じていることが内側に満ちてくると、チューブの蓋《ふた》を取ってそっと横にすると、ニュルニュルニュルとチューブの中身がひとりでに容器の外へ流れ出てくるように書くものなのです。「書く」とはそのような行為なのです。それが、その子の独自の言葉であり表現となります。それを余計なことをせず待ってみれば、大人は必ず気づくはずです。子ども達の内側に、どんな豊富な感じ方があり、豊穣な表現の形がしまい込まれているかを。そして、そのことが子ども達の持つ本質へと、まっすぐに繋がっていく方法なのだということを。待つこと、信じて待ってやることです。

書くための家庭環境の工夫

作文を書くのが好きな子にしたいと思ったら、読書好きな子にさせること。親にも読書習慣があり、さらに子どもとの会話を楽しむこと。

作文を好きになるきっかけは、どの子にもある

子どもが、生まれてきてから、この世に「言葉」というものの存在を知るとき、同時に「表現すること」の原型と「伝えたい」という人としての基本的な願いとを、同時に受け取るのだと私は思います。そして「伝えたい」という願いは、「言葉」というものを教えてもらうきっかけを作ってくれた人との深い繋がりと信頼に基づいて、より強まるといえます。

将来、子どもが作文を書くのが好きな子にしたいと思ったら、本人達がさまざまなことに興味と関心を持てるように導くのが大事です。そのきっかけを、どの子も自分の中に既

に持っています。このことにも感銘を覚えます。

「これなあに？」「どうして？」という不思議への芽生えも、全ては「もっといろいろなことを知って大きく成長したい」という、幼い人格の欲求の発露なのだといえます。

　その発露を「うるさいな」と思ったり、「あとでね」という類の言葉で応じたりすることは、発露にピシャリと扉を閉め、蓋をすることになります。しかし、子どもの「なぜ」「どうして」に、大人が「どうしてだろうね」「ふしぎだね」と、子どもと同じ言葉を繰り返して応じることは大切だと思います。

　そのように応じられると、子どもは自分でそれを心に繰り返し、自分で考えるようになり、そうやって「自らの問い」を、さらに育てていくことになります。

　昔、私が、まだうんと小さい頃、母と道を歩いていて、母の口から「あら、たんぽぽ。きれいね」という言葉が出ました。私は、すかさず母に尋ねたものです。

「どうして、これはたんぽぽっていうの？　誰がたんぽぽって名前をつけたの？」

「さあねえ。誰が名前をつけたんだろうねえ。でも、本当に、このお花は、たんぽぽっていう感じでしょ？　たんぽぽっていう名が、ぴったりでしょ」

　母は、私の問いに「それは○○よ」と、ちゃんと答えてくれなかったのですが、そのときの母の即答は、私にとって十分な内容でした。いかにも、愛らしい黄色の、空をスッと見上げている形のそれは、「たんぽぽ」としか言いようのない名だ！　と、私は納得したのでした。特に「ぽぽ」が気に入りました。それは私の中にくっきりと残っている思い出の一つです。

日常生活を通し子どもは成長する

子どもは日常の暮らしの中から、友達との遊びを通し、ご近所の大人の姿を見つめ、そしてまた親に伴われて出かけた場所等を介して、いろいろなことを感じ、さまざまな気持ちを受け止めて成長します。そのことは子どもの年齢と共に心にストックされ、積み重ねられていきます。一つ、しっかり書いておきたいのですが、経験を積み重ねていく子が、そのときどきに感じていた思いの全てを記憶に留めているわけではありません。見て聞いて感じたことでも、こと細かに記憶に留めておくわけではないので、それらは何かのきっかけを得て書き表すことで、文字通り「表れて」くるのです。それにしてみても、「書き表せる」年齢というものがあります。小学校の一年生では、もし書かせたとしても、朝起きた時間、朝ごはんに食べた物や、友達と遊んだこと等々、日常の現象をやっと言葉に置き換えてみるということができる程度ですが、二年生、三年生になると、そこに〝現象を通じて感じたこと〟や、〝感じたことそのもの〟に対しての〝小さい自己分析〟なども入るようになります。

そして、そのことをより可能にするのは、**その子の日頃の読書量が大いに影響します。**読書と共に、家の手伝いをたくさんしなくてはならない家庭環境だったり、四季の自然の変化を否応なく敏感に受け止めなくてはならない親の職業なども見つめていたりすると、その子の生活背景が、何かを感じざるを得ないものとなります。

自分の外側の世界から感受するものと、そこで受け止める自分の内側の思いといったものを否応なく対比させて日々を過ごす子どもは、結果的に「書く核を持てる子」になっていくものです。

そして、そこに親、家族との会話があり、家族に読書の習慣があり、居間に本棚があるような状況だと、やがて子どもの作文の力もついてきます。

本は、子どもにとって、登場する人たちのせりふなどから、ものの考え方や思いつき方など、他者の心の動かし方がわかり、また未知の世界に運んでくれるので、さまざまに想像力が刺激されます。登場人物たちのものごとへの感じ方も参考になり、言葉についても

「言い回し」の、あれこれも自然に吸収できて、読み続ける子は、やがて自ら書いてみることに抵抗がなくなり、書くことが好きになります。

待つこと

子どもに「書くことは楽しい」と感じるようにさせたかったら、子ども自身の中に、その子の感じ方、ものごとへの受け止め方が育っていくまで待つこと。内面によい刺激をもたらしつつ、待つことです。

十分に待ってから「書いてごらん」と促すと、子どもは自分の思うこと、感じることを言葉に置き換えることが、徐々にできるようになり、その作業も早くなります。

そして、それと並行して、自分の内側を確認できるようになり、必然的に〝しっかり〟としてきます。それは自分で自分を育てた結果です。本人の言葉が自身を育てていったのです。

子どもは、自分の感じ方が育たないうちに「書く作業」を「勉強」として強いられると、技術としての知識を教え込まれることが先に身につき、「言葉」は本人の肉体を置き去りにして、「言語」として選び取られた観念的なものがくり広げられます。**自分の思いや意**

志を書くということよりも、整った文を目指して書くように注意が払われます。子どもが、まだ身についていない言葉を上手に書き連ねても、作文は読み手に真に何かを伝えることにはなりません。身についた本人の言葉だけが（まずは自身の血となり肉となっている言葉だけが）、真に他者に伝わる文章を生むのです。

子どもは、国語の時間などを通して新しい「言葉」に出会うとき、その意味を辞書などで調べ、意味、内容はわかっても、それをどういうときに、どんな場面で用いるかがわかるには、さまざまの体験を要します。その体験に一つの「言葉」がピタリとくるとき、「言い回し」としての表現が身につくのです。身につかない言葉、使いこなせない言葉を子どもに用いさせて「書く技術」を教えても、意味のない本末転倒なことになってしまいます。

子どもが書くという行為は、自分を把握していくことに他なりません。把握しつつ、自分と、自分の周囲を整理し、認識していくのですが、それはつまり自分の価値観を徐々に身につけていくということなのです。

そしてそれは必ず、自分と世界の関係性をつかんでいく土台となっていきます。

注意したい褒め方

褒めるということは、実はとても繊細な行為です。子どもは褒められたことは強く認識し、新しい視点で自分を客観的に見ることができるようになり、そこを基点に育っていきます。

よく、教育、育児の場面で「子どもを褒めよう」と言われます。そして心理的なエビデンスなどを展開した上で「褒める行為」は、これまでにも、頻繁にメディアに登場してきて、その効用を喧伝されてきました。

私は個人的に、難しいことぬきに、誰についても欠点を挙げつらう前に、他者のいいところ、感心すべき点を心に留めるのが好きです。そして必要があれば、そのことを直接口にして、本人に伝えることも人づきあいの中に据えてきました。

人は、自身のことについては、案外、その長所に気づいていないことが多いものなので、それを伝えるというわけなのですが、これはその人の何を、どのように見るかという伝え

る側の視点の伝授そのものなのだともいえます。

私はよく、親御さんに「子どもを褒めてくださる先生と聞いてやってきました」といった言葉をもらいます。

「私は、意味もなくおだてたり、心にもないことは言ったりできませんので、それはわかっておいてくださいね」

間違われると困るから言わせてもらうのです。**褒めるという行為には責任が伴います。褒めるということを軽く考えてもらっては困るのです。叱るよりも、ずっと難しいのは褒めることだと、私は思っています。**

具体的に示し、評価する

子どもの文章についていえば、「よくできました」「頑張りましたね」という評価の繰り返し、そのオンパレードだけでは、何も言っていないのに等しいと思っています。

「ここがこう書けている。だからよくできていると思う」「この表現は、なかなか見つけられない。あなたは、それを見つけた。だから、すごいなと思う」「とても丁寧に物を見ている。そうでなければ、こんな風にいい文章は生まれません」。そして加えます。「それがわかるという部分に赤くラインを引いたので、よく読み返してね」

　子どもの作文を読んで、よい部分を具体的にしっかりと評価し、それを伝えてやるのです。

「読む」「読み込む」「読み取る」とは、そういうことです。子どもは、その個性、性格ごとに、当然ながら一人ひとり、同じ課題を与えても書くことは全部違います。その違いの中から、その子の目と心が、そこに現れ出ている部分に注目して読んでいきます。表し方がうまければそれは必ず現れるのです。その部分を、見過ごさずにしっかり評価し褒めるのです。


すると、子ども達は「自分の表現」について、その要点というものに自身で気づかされ、自分に注目します。子どもは、注目した自分自身によって育てられます。そして「書ける子」になり、「作文が楽しい」と言える子になり、「作文が好き」になる子へと育つのです。


　例えば、母親が四年生の男の子を伴って訪れ、「とにかく面倒臭がり屋で、なんでも投げやりな子なんです。ボーッと育ってしまって……」と言ったりします。この子には、本人の素晴らしさを自分で素直に認められる子になってもらわなくてはなりません。

　本当に、子どもには必ず、その子にだけ現れる「いいところ、美しい点」があり、作文にも現れるそれを見落とさないように、丁寧に心を扱うことです。

この子は、「あのときの、あれがおいしかった」という、心に残る思い出の食べ物を書いてもらったとき、「お父さんと川でやったバーベキュー」について書きました。

「豚肉も焼いた。牛肉も焼いた。ソーセージも焼いた。ピーマンも焼いた……。」と、書き進めた中に、

火が燃えていくのを見ていたら、ほのおがとがったり、丸くなったり、大きく立ち上がって伸びたり小さくちぢんでしまったり、じっとしていないで動きまわる形の変わり方がおもしろかった。

とありました。この一文、この描写は、この子の素晴らしさが、こちらに飛び込んでくる瞬間です。

それこそ、他からこのときの彼の様子を見ていたら、ただ「ボーッ」としていたかもしれません。そのとき、彼は、変化する炎の姿を目と心に刻印していたわけで、それは、もう一年前のバーベキューの光景の中で、わざわざ紙に書きつけるほど長く印象に残るもの

だったということがわかります。

「このほのおの書き方、ほのおの様子、よくジッと見たわね。見つめていたことが、よくわかる、そのことがよく伝わる文です」と欄外に書き、この部分には赤いラインを文章の脇に引きます。

子どもは「ここがいいのか……」といった風に、自分のさっき提出した作文を返却されるのと同時にずっと読んでいる顔つきが実に真剣です。

この子は普段、日常生活の中では、いちいち感じたことを口に出して母親に伝えたりはしないのだとか。**口に出さずとも、見つめていて、感じていることの多い子は、それがちゃんと文章に現れます。**現れていることについて、本人は強く自覚して記しているわけではなく、また当然ながら〝これこそが具体的な描写として文中に生きてくる〟……と判断して書いているのでもありません。だから他者に指摘されて「こんな風に書くことが読む人に、丁寧に伝わるということなのか」と、あらためてわかるわけです。

感じたことを書くことで育っていく

書き方を褒められると、子どもは、その書き方を踏襲します。つまり、この子を例にとると、自分が何かを見て「そうか、こういうことなのか」とか「こんな風になっているのか」と、感じたことを丁寧に一生懸命に、他者に伝える努力を始めます。その繰り返しを通して気がつけば深く書く、書くことを深めていくということを、自分でつかんでいくのです。

また、どんな作文の中でもその場にいるときの、自分の気持ち、思いを書き込むことを習慣のようにやる子がいます。そこを褒めているうちに、一人の五年生の女の子は「心」というものを深く見つめ、受け止め、自分と他者とのものの受け止め方についても、とても考え深い分析を書き込むことができる子へと成長しました。

ある日の作文教室では、「お母さんとスーパーへ買い物に行きました。」と始まり、駐車場で車のドアを開いたお母さんに、「ダイエットしたいと言ってたんだから、歩いて行こうよと提案しました。」と続きます。次々と買った食材や洗剤などの日用品で、両手は買い物袋で、ひどく重くなってしまったと状況を記す中に、こんな書き方が途中にあります。

> 重い荷物を持って歩きながら、私はすごく後悔していました。こんなことになるのなら、お母さんの車でくればよかった。でもそんなこと言えない。歩いて行こうと言

い出したのは私だし……。お母さんも怒ってるにちがいないと思っていたら、「よかった！　こんなにハードな運動ができるなんて。思った以上の効果だわ。ありがとう。」と、お母さんは、心からうれしそうに言う。

この子は思わず「ほら！　だから車じゃなくてよかったでしょ？」となぜか、心にもないことを言ってしまう。私は、このことを褒めずに読み過ごすわけにはいきません。「こうやって、ある状況の中で、そのときの心を忘れずに書き残すことが、とてもとても大切なんですよ。○○子ちゃん、その日の自分の気持ち、心の中を覚えていたことも感心しますが、それをしっかり書いたところが、とてもいいですよ」

子どもは毎回の教室で「そうか。こういうところがいいのか」と必ず自分の文を振り返ります。加えて、〝客観的に自分の作文を読む力〟もついていきます。そして結果的に作文力は、上がっていくのです。

子どもの文章の読み取り方

親の方々は、子どもの文章に素直に向き合ってほしいです。親自身が優れていると思う作文を想定し、そこを基準とするのは間違いです。まず、わが子の「思い」が光る文に心を留め、しっかりとそれを受け止めてほしいのです。

子どもの文章を味わう

大人は、子どもの中の、キラキラと輝いている表現や、考え方が、しっかりと表出されている部分を読み過ごさず味わい、評価する「目」と「心」を持ってもらいたいものです。

童話など、短い物語を教室で子ども達に読み聞かせて、読み終えたところで、みんなにすぐに、今しがた聞いたお話の最初の感想を書いてもらいます。まず最初の印象を、というわけです。いくつかのお話の中でも、毎年必ず私が朗読する一冊が、誰もが知るオスカー・ワイルド作『幸せの王子』ですが、この作品には、実にさまざまな感想が出ます。

感想文は、当然ながらつばめと王子の像との友情や、それぞれの優しさへの感動等々……。朗読後私は、子ども達への問いかけとして「王子の像の金箔《きんぱく》も、身につけていた宝石も、全部貧しい人達にプレゼントしてみすぼらしくなったのに、この物語のタイトルには『幸せの……』という表現がついている、その理由も書いてみてね」と告げます。

読み終えてすぐに、この物語の第一印象を綴る子ども達の文の一語一語に、親の方々には、よい意味の敏感さを持って味わってほしいと願ってきました。

五年生の男の子が『幸せの王子』を聞き終えて、綴った言葉です。

> ぼくは、遊びに夢中になって、仲間達がみんな、南へと出発したのに、一緒に行動できなかったつばめが、かわいそうだった。あきれてしまうのは、この一羽を残して、みんなで南へ旅立ってしまった仲間達だ。ぜったいに、やってはいけないことだと思う。仲間の小さい一羽を置いて、さっさと飛び立ってはいけない。許されないことだと思う。（後略）

この男の子は、しつこいほどに、物語の中には何も詳しく描かれてはいない仲間の行動についてあれこれと思いを巡らし、客観的な批判を繰り返すところから始めています。

彼は、歯がみをするほど、腹立たしいのです。一羽だけ残して旅立つ仲間の行動というものに、疑問を持ち、納得がいかず、それを嘆きに嘆く。

彼は、つばめと王子の像との、深い友情について書くことなどは後に回して、まずは、何よりも自分の思うことに言葉を費やし、言わずにいられない思いを放出させています。

この正直さと率直さには、もう誰も、何も言えないという力があります。他を圧倒する表現のエネルギーです。

そして、四年生の女の子は、この物語の登場人物の、あらゆる行為、動きに自分の心を寄り添わせ、思いを重ねてみます。性格的に、何にでもよく気づき、他者に細かに気を遣えるこの子の個性が強く浮かび上がる文です。

つばめは、小さいくちばしで、ルビーをくわえて、ずっと飛んでいる間、どんなに重かったろうか。きっと何度も、落っことしそうになったのではと思う。それでもつばめは、がまんして力いっぱいつばさを動かしたのだろう。（後略）

周りに、あれこれ配慮ができる、この子の個性が実によく出ています。

親の方々は、まず、このような、わが子の「思い」が光る文に心を留め、しっかりとそれを受け止めてほしいのです。わざわざ、私がそう願うのは、親は自分達がイメージする「感想文」と信じるそれとは、一味も二味も違っている文章だという観点で、こうした子ども達の一文を、サッと読み流すか、あるいは読み飛ばすことが多いのです。

私が、子ども達の書きぶりの生き生きとした部分を本人達に告げ、提出された原稿用紙のその部分にラインを引き、「この部分、つばめの身になっているところがステキです」などと感想を加えたりすると、「なぜ、そこが褒められるべきところなのか」を、親の方々に問われたりします。

訊《き》かれると、理屈で説明しなくてはなりません。せっかくの子どもの文の「味わい」と「香り」を分解、説明することになるのが辛いのです。（それは、本当に美味しいと思う料理を口にしたり、美しいと感じる絵画の前に立っていたりするとき、美味しさの理由、美しさの分析を求められると困惑し戸惑う感覚です。）頭で考えず、理屈抜きに「感じ取る」ことも大切にしてわが子の一心に書いた文は、親も一語一語をかみしめてしっかり読めば、必ずその「味わい」が心に響くはずです。

「他者の身になって書く、その立場に立って考えてみる、心を寄り添わせてみるという視点が、文章を書くとき、まず何よりも大切である」こと。「感情移入という言葉をまだ知らない子ども達が、理屈でそれを学ぶ前に、発想として既にその方法で対象を見つめ、書き起こしているということが素晴らしいし、何よりもそれが本人の言葉で物を表すときの基本である」こと等々を告げると、私がハナマルをしたことに納得してもらえるのですが……。

待てる大人に

最近特に、保護者の方々に感じるのは、何につけても、**「待つこと」「信じて待つ」ということが、とても苦手になっているとの現実です。効果を求め、その成果も、とにかく効率よく、ぐんぐん目に見える形で現れることを求めます。それも自分の望む形で――です。**

それは、わが子への愛であり、関心と熱心さの表れなのですが、子ども達が「今」という「人生の旬」で思うこと、感じたことを全身で告げるように書き・表現していることの、熱のこもった部分に、何よりも、その子の感受性の原型を認め、そこに注目してほしいと願うのです。

文章は、書き手の感性の原型が表出してこその「その先」なのです。

誤解を恐れずに言うと、理論的に「書き方」の形ばかり整い、その整った作文の奥から、本人の言葉で思いがみずみずしく伝わらないような、味わいの薄い、書き手本人の情熱が読む者に響かない文章を完成させ、それをよしとするようでは困るのです。

子どもの中の、キラキラと輝いている表現や、考え方が、しっかりと表出されている部分を大人は読み過ごさず味わい、評価する「目」と「心」を持ってもらいたいと思います。

子どもの文を読むとき、親は「正しさ」や「技術」的な巧拙ばかりを注視して、優秀な「作文評論家」の一人にならず、どこまでも書き方に表れる「わが子の今」を受け止め味わってみる「親」であってほしいと思います。味わわれる子は、必ず元気に伸びていきます。自分の原型を臆せず表出できる子は、必ず文章力を伸ばしていきます。

子どもの表現に取り戻したいこと

四百字ほどの作文の中で、ことわざや、やまと言葉を使ったり、言語表現を変えたりして作文を書かせるという課題など。様子、様態を表現する力が落ちてきているという現実を前にして――。

身体感覚の表現を失った子ども達

子ども達に文章を書いてもらっていると、ある日、読みながらふっと気づくことがあります。子ども達の用いる言葉と表現の中の「様子、様態」などを例える際の言葉から、身体感覚といったものが失せている……と。そう感じたのは、ここ二、三年のことではなく、もっと古い記憶です。

おそらく六、七年は経っているかもしれません。

自分の体や他者の体のサイズをモノサシにしての書き方もその一つ。「わたしのてのひらくらいのさかなを弟が釣りあげたときに……」とか、「赤ちゃんの頭ほどの大きさのじゃがいもを掘った」「ぼくの足あとみたいな形の、平べったい石がたくさん落ちている川べりで遊んだとき」といった書き方が、六、七年前の子にはあったなどと思い出します。

生活の周辺のことを描くとき、自分の体を見つめてみたり、感じ方に「身体感覚を生かしてみる」という学びを加えるのも大切になると思います。これだけ子ども達のスポーツクラブが盛況なのに、子どもの作文に身体感覚のあふれた表現が減っていると感じます。自分の体を用いて表現することが増えれば、文章にくっきりとしたリアリティと奥行きが増し、作文にも暮らしの手触りが生まれ、より豊かな味わいが広がると思います。

やまと言葉を味わわせる

日本語についても、私が顕著に感得しているのは、和語（やまと言葉）を用いる表現、言い回しが激減したことと、そしてその言葉を知らないことです。

三年生から中学二年生まで、八人の子のいるクラスで、「木漏れ日」が何のことを指すのか知っている子は一人だったことがあります。三年前のことでしたが、こちらからその子に、なぜ「木漏れ日」を知っていたのかを尋ねると、お城が大好きだった五年生のその子は、父親と一緒に出かけた夏休みの城巡りの旅で父が口にした「城壁に映る木漏れ日が、きれいだな……」の一言から知ったと告げました。

父親との旅の中で知ったこの言葉は、その情景と共に、この子の心にずっと生きていくと思います。

木漏れ日、軒並み（軒並び）、吹き溜《だ》まり、葉擦《ず》れ、食べ残し、空威張り、および腰……、思いつくままに並べてみた言葉をつくづく見ると、既に子ども達の親の世代が日常の生活の中で使っていないのだろうと感じるものがあります。**知っていて、使ってみれば子どもの表現の中に、くっきりと言葉と共に映像も浮かび、日本語として生き生きしてきます。やまと言葉の言い回しで表すことも大切です。今後のためにも、話しかける言葉について親は、一工夫してみる努力も必要だと感じています。**

二年生の男の子で

土曜の夕ごはんは、ぼくの好きなおかずがたくさんテーブルに並んで、まよいばしをしていたら、おばあちゃんに叱られた。

などと書いた子がいました。

言葉を日常的に生き生きと使い回すという意味で、つくづくと感じることが、生まれたときから祖父母と同居している子や、あるいは、祖父母が近くに住み、始終、往き来のある子だと、こうした言語体験が、作文にも生きているということです。

ことわざも生かしてみる

祖父母の存在について、核家族の場合と、そうでないケースと最もハッキリとわかるのが、「ことわざ」の用い方に馴染んでいるか、そうでないかです。

作文の授業の中で、ことわざをいくつも黒板に書き、その意味を教えて、これらのことわざを文章の中に生かして上手に使って書いてみるということも、これまでに何度かさせてきましたが、中には感心するほど、「意味」をマスターしている子もいます。けれども意味はわかっているのに、それを正しく作文の中に生かしてみるという点で、それができないということは珍しくありません。

一方で、一つ一つのことわざについて、詳細には知らなくとも、知らないまま「おじいちゃんに言われたことがある！」「聞いたことある」などと口にする子は、ことわざを上手に生かして作文が書けます。暮らしの中に道具として生きている言葉の意味を、あらためて思う瞬間です。

子どもは「参考書」や「ことわざのドリル」で、「勉強して知っている」ことよりも、生活がらみ、状況がらみで肌でつかんでいることのほうが大きいということがよくわかります。つまりは、知識として知っているということと、それらを使いこなせるということの違いなのです。

誰でもよく知っている「急がば回れ」「猫に小判」「馬の耳に念仏」「塵《ちり》も積もれば山となる」「飛んで火に入る夏の虫」「捕らぬ狸《たぬき》の皮算用」「天に唾を吐く」「失敗は成功の母」「泣きっ面に蜂」「能ある鷹《たか》は爪隠す」などの用い方を正しく知る子にしたいと思います。

子ども達の学年に合わせ、四百字ほどの作文の中で、いくつかのことわざを入れてみる、といった試みをさせたいものです。

オノマトペについて思うことなど

最近、気になっていることがあります。

以前から毎年二、三年生を中心とした子ども達に、オノマトペを用いて短い作文を書かせ、その後で、今しがた書いた、その作文の中に使ったオノマトペを一切用いずに、同じ内容の文のオノマトペ部分を、通常の言語表現に変えて書くということをさせてきました。

　オノマトペはわかりやすいし、勢いも出るしリズムもあるので、子ども達はとても好きです。例えば、

「朝、目がさめても、**グズグズ**とふとんから出られなくて、てのひらで顔を**パンパン**たたいて、やっと起き上がりました。階段を**ドタドタ**かけ降り、顔を**ジャブジャブ**洗って。（後略）」といった文章は、オノマトペという手法を取り除くと、こんな風に変化し言語化されています。（『浜文子の「作文」寺子屋』参照）

「目がさめても、起きるのがいやで、**だらしなく横になった**ままでいたけど、思いきって両手で**少し強めに**顔をたたいてみたら、やっとふとんから出られました。階段を**両足に力を入れて元気に**降り、水をたっぷり使って、**しぶきをはね上げて**顔を洗って。」と、三年生の、この男の子は、自分が当初八個も繰り出したオノマトペに自分で満足気でしたが、その八個を全部やめて、内容を通常の言語表現に変えるという提案に「ムリだッ！」と言いました。しかし、少しもムリではなくて、彼は、考え考え、さらさらと書いたものです。

　それが、なぜか二年ほど前から同じ三年生の子達の中に、オノマトペは使えても、「そ

の表現を、言葉に置き換える」ということが、苦手な子が次々と出てきました。

つまり前述したように、ふとんの中で「グズグズ」している様子を「だらしなく横になっていた」のように言い換え、「ドタドタ」も「両足に力を入れて元気に」とやっているのですが、苦手な子達はオノマトペを使っても、その様子、ありさまを説明し、描き出す言葉へ変化させられないのです。

思うに、まず耳から入ってきたオノマトペを、すぐに口にし、なんとなくその使い方を周りを真似て使ってきたけれど、「さて、言葉にすれば、どういうことなのか」と、戸惑うらしいのです。同じ三年生の子達なのですが、オノマトペをあらためて言語表現に置き換えると、「わからない」と言うのです。

「太陽がギラギラしていて」と書きながら、その「ギラギラ」のオノマトペの説明に四苦八苦します。「皮膚が暑さでヒリヒリするほど……」と数年前の子達は、スラスラと言い換え、「じっと見てはいられないほどまぶしい日光だから……」と表現しました。

漫画やテレビの中から飛び込んできて、感覚でつかんだオノマトペは増えているのだなと思わせられる昨今です。

「モチモチの……」「プニュプニュした」「シュワシュワした感じ……」、そして「お父さん好みのシャバシャバカレー」などと作文する子達が、それをどう説明してよいのか困りぬくのです。

次々と出てくる新しいオノマトペの言い回しは、この先こうして〝なんとなく雰囲気でわかる〟という記号化されたものとして用いられていくのでしょうか。

私は、それをしっかり言語表現としての言葉に置き換えられる子ども達にしたい（させたい）のですが——。

句読点の楽しい導き方

文章には書き手のリズムが表れます。ですから句読点は、記述上の決まり事として教えるよりも、その子の個性となって表れるように、体に馴染ませていきます。

「。」「、」は文章のリズム

句読点。つまり文章の中に添える「。」と「、」について、私の考えを書いておきたいと思います。

小学校では一応、文のどこに「、」を打ち、どこで「。」をつけるかを、「規則」「約束事」として子ども達に説明して教えます。しかし、その学んだ事がらをマスターし、自身の作文を書いていくときに、それを十全に生かして綴る子は少ない。つまり、それは、「、」や「。」の位置に書き始めから終わりまで、ずっと心を囚《とら》われていては、文章そのものに打ち込めなくなるのが、「子ども」なのです。書くことに夢中になれば、「、」も「。」も忘れてしまうという子はまったく珍しくありません。私は、そこをスタートとします。つまり、**まずは書かせ、そこから一作ずつ作文を書くたびに、子ども自身に声に出して読み上げてもらい、自分で句読点のつけ方を体得してもらいます。**（頭で会得するのではなしに、体得です。）

作家の古井由吉《ふるいよしきち》の言葉に「文学は声である」というものがありますが、文章は、自分の生理にピタリとくると、思わず知らず「声」に出して読み上げたくなる性質を持っています。朗読に堪える文がよい文章といえます。

私は昔から（高校生の頃から）、好きな作家は、その文章の流れや言語の言い回し、そして、そこから生まれる特有のリズムに魅かれてきました。

幸田文《こうだあや》の文章、岡部伊都子《おかべいつこ》の文章、それに、なかなか「、」も「。」もつかない長い文章の書き手、野坂昭如《のさかあきゆき》の文章の流れなども、理屈ぬきに好きでした。その人しか書けない、その人らしさが「いかにも……」という味わいで描かれる世界が、みんなそれぞれに具わっています。その「味わい」に触れると、感激しつつ読み進めたものです。

魅力的な書き手はそれぞれの呼吸で綴りますが、物書きは自分のリズムに合わせた文章を持ち、それにふさわしい句読点の置き方をするものです。

文章のリズムを体で感じさせる

私は、自分の作文教室でも、子どもの作文について、明らかな間違い以外は、書いた子本人の書き方を生かします。

やたらと読点をつけたがる子、とにかくすぐに句点を打って、文がプツリ、プツリと切られていく子。結果、「この子は短い文体が好きなのね……」と思わせられていた子などは、詩の授業では、秘められた力を発揮するように、なかなかの名詩を生み出してくれます。子どもの中に、既に具わった文章というものへの個性を感得せざるを得ない一瞬です。

「。」や「、」の打ち方の正否ばかりに捉われるのは、子どもへの作文の教育にとって、とても残念です。まずは、「書けること」が大切。「。」や「、」の位置の確認は、それからの仕事だと思います。私は、そのようにして進めてきましたが、それでよかったと思っています。

子ども達が提出する作文の中に、文章がズラズラと、止《と》め処《ど》なく続き、〝句点、読点一切なし〟というものがあると、私はそれを、みんなの前で読んでみます。私の句読点の指導らしいものは、わかりよいパフォーマンスでこんな風に行われます。

「ちょっとこの文章を、先生が読んでみるから聞いていてね」

そこで大きく息を吸い込み、一息で一気に読み始めます。


ぼくがきのうおこったのはぼくのせいではなくていやがらせばかりするきくちくんのいやがらせのやりかたがきにくわないからなのですがぼくがそのことをなんどもきくちくんにいってもきくちくんはそのいみがわからないので……。


私は吸い込んだ息が、もうなくなったという仕草で、一息で読み通し胸を押さえ、少々大げさに両肩を持ち上げ「ハア、ハア」と、やってみせます。句読点の意味、打ち方を伝えるためのこの方法は、私が実生活で二人の子どもに文章の書き方について教えるときにもやってきたことです。

教室の子達は、息つぎのない朗読に大笑いしている。なんと、見ればこの作文を提出した本人が、天井を見上げ、大きな口を思いっきり開いて笑い転げています。

「みんな、先生が声を出してみんなの作文を読み上げたとき、先生がこうやって呼吸困難になってバッタリと倒れないように、提出する前に、書き上げた作文をもう一回、小さく声に出してよく読んで、ちゃんと『。』と『、』をしっかり確認してちょうだいね。長い文は、どこかで一度『。』をつけてみるとか、やってみて」

この、私を呼吸困難にした当の本人に読んでもらうと、本人は適当なところで切って読みます。その場所に、すぐに鉛筆で「、」や「。」をつけてもらいます。それを、どの子にも何回か繰り返しているうちに、いつのまにか「句読点」は、一人ひとりの体に取り込まれていき、やがて「句読点」の意味がわかる子になるのです。

第2章

実践！作文教室
子ども達の作文

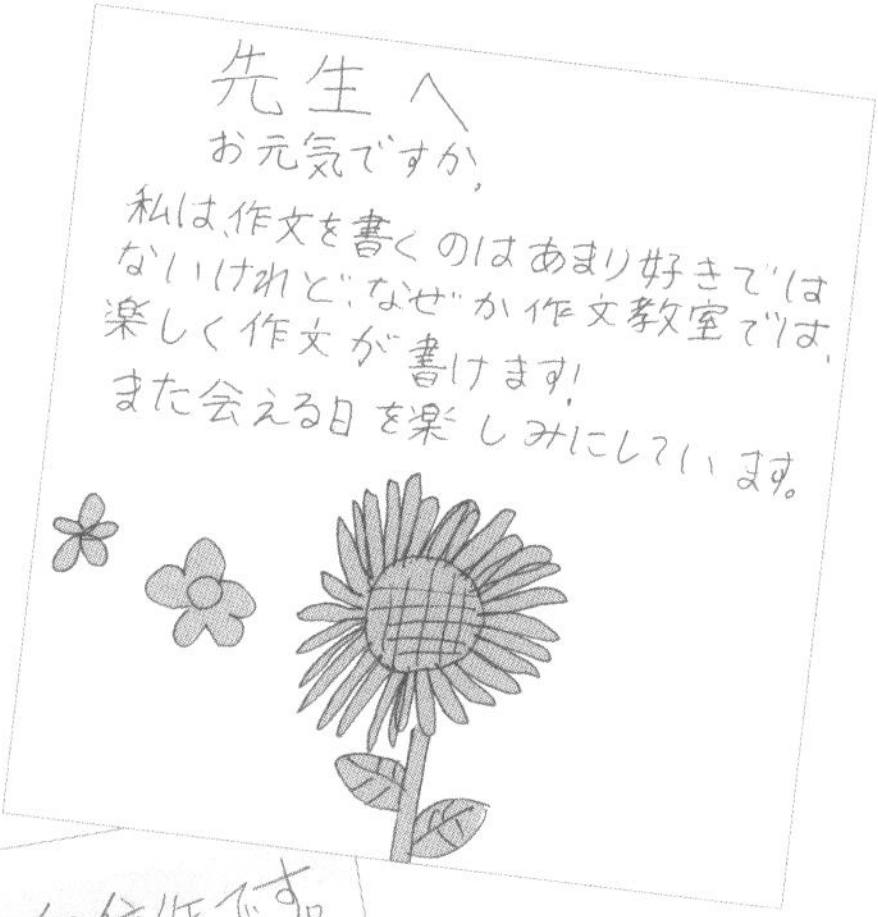
先生へ
お元気ですか。
私は作文を書くのはあまり好きでは
ないけれど、なぜか作文教室では、
楽しく作文が書けます！
また会える日を楽しみにしています。

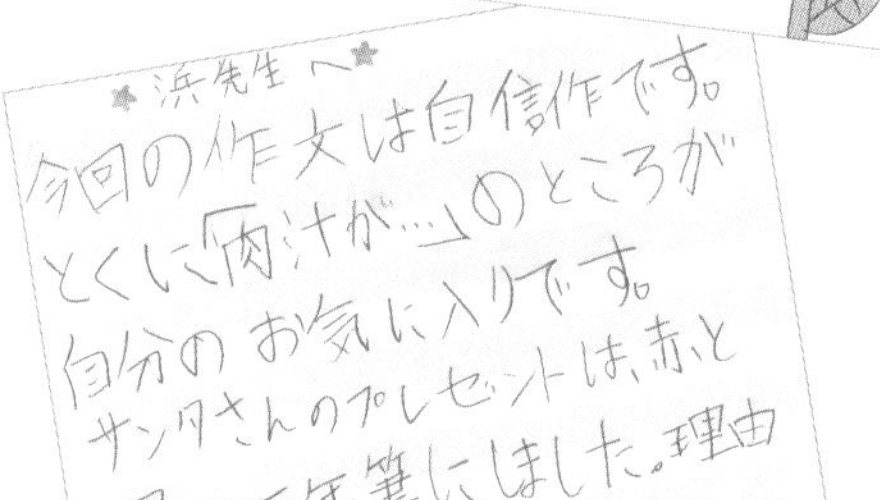
浜先生へ
今回の作文は自信作です。
とくに「肉汁が…」のところが
自分のお気に入りです。
サンタさんのプレゼントは、赤と
黒の万年筆にしました。理由
は、先生の万年筆にあこがれて
いるからです。
これからもよろしくお願いします。

一から十までの数を楽しむ

一から十までの数を、順に出しながら、その数を文中にうまく使って、内容がきちんと読む人に伝わる文を作ってみる課題。

子どもが夢中になる課題

子ども達が、初めて「作文教室」にやって来て、五、六回目くらいの初期に書いてもらう、文章の流れと組み立て、展開を考えてみるための、ごく簡単な課題があります。

とにかく、子どもが「作文の勉強をしているのだ」などとは思わずに（思わせられずに）文を考え、内容を組み立てていくための課題です。

「一から十までの数を、順に出しながら、その数を文中にうまく使って、内容がきちんと読む人に伝わる文を作ってみましょう」

例えば……と説明します。

「ぼくの名は一郎です。ぼくの部屋は二階にあり、その部屋の中で、ぼくのペットのハムスターを三匹飼っています。ぼくは四人家族で――」のように説明すると、もう、そのあたりで、「やる！　やる！　できる」と、子ども達は大はしゃぎします。「なんだか楽しそう。面白そう」と感じるらしく、こんな風に子ども達が盛り上がっていると、ときには暴走（!?）する予感があるので、クギをさしておきます。

「こんなのはダメよ。悪い例を言います」

「ぼくの名は一郎です。ぼくの下には、一つ違いの弟達がいて名前は順に二郎、三郎、四郎、五郎……」

こんな風に書いて「できましたァ」というのはダメ！　と注意をしておきます。

「なんだァ、ダメか……」とがっかりしたような顔つきの子に、みんなが笑い、「そりゃダメだ。なんにも考えてないって、すぐにバレる！」と、諭す子も出てきます。

そして、こんな文章が提出されます。

ぼくの札幌に住んでいるおばあちゃんは一人暮らしです。猫を二匹飼っていて毎日元気です。福井のおばあちゃんは、おじいちゃんとお父さんの妹との三人暮らしで、道の四つ角のところにある家に住んでいます。ぼくの住んでいるマンションは五階で……。

と続ける子。みんな課題をクリアするのに一心です。中には、一から九まで順調に進めて書いていた鉛筆がふっと止まり、十が文章の中に生かせる発見が見当たらないような様子の子も。暫く、視線を宙に向けていた後、思いついたように、原稿用紙に顔を伏せると、なんと最後の一行に、「明日から十月です。」として、わざわざそのことを計算して文を進めていったようなオシャレな終わり方になっています。その前の二行が「宿題にとりかかったのが晩ごはんの後の八時だったので終わったのは九時でした。」なのですが、たまたま教室に吊《つる》していたカレンダーに目が行き、ピンとひらめいたのだとか。

自分から「この終わり方、カッコいいでしょ?」と満足気でした。

また、ところどころに創作を入れ、この課題をクリアしてみた子もいます。話の柱は実話を中心にしています。

朝ごはんはいつも食パンだ。ぼくは日によって一枚か二枚バターをぬって食べている。お父さんは卵を目玉焼きで食べるのはキライだと言う。だからゆで卵で食べる。三個は軽くいけると言うけど、体に食べすぎはよくないと、お母さんに注意される。
うちの家族四人は、朝はバラバラに家を出る。うちは五丁目で、六丁目の角を曲がると大きい横断歩道がある。小学校へは、毎朝この横断歩道を渡って行く。横断歩道の脇に、ボタンがあって、歩行者が赤から青にしたいときにこれを押して待つ。このボタンは七年前に設置された。押しボタンがほしいと、近所の人たちが言い始めて、最初八人で声を上げたのが、町内の人達、みんなで声を合わせるようになり、実現したのだ。その最初の八人のメンバーにぼくのお父さんも入っていて、さいごには、このメンバーの代表になってがんばったそうだ。お父さんは「なんでも、九割だめかもしれないと思っても、そこで何もせずにあきらめるな。」と、よく言う。「あきらめない人を増やしていって、その人達を増やす努力だけは続けることだよ。」と言う。本当に、このボタンは、希望する人たちが十人になったときから、どんどん仲間が増加したそうだ。

この課題にトライしたのは、たまたま全員が四年生の男の子でした。そしてみんな、小さいときから本が大好きという子達。それぞれに、好きな本も宇宙・天体もの、冒険もの、歴史もの……と好みは違いますが、作文について「筋立て」というものが、滑らかにいっているのも、日頃の読書習慣は無視できないでしょう。

この「一から十まで」は、たまたま話の進め方のキーポイントとして使わなければならないのが、順番に用いる「数字」ですが、そこを遊んで楽しんでいる間に、内容への工夫が必然的に生まれてくるわけです。

数には必ず単位を表す表現があります。一人、一匹、一羽、一艘《いっそう》、一軒……などのように。それぞれの表現を駆使すると、書き込む世界も具体的に広がり、豊かになります。一から十までの数を使いこなし、書くことを遊ぶ作業の中で、その広がりを味わってもらうのです。

この課題は、学校の授業以外で私の教室で作文を始めた子達にとって、文章を書き進めることで、「自分の手で、一つの話を生み出す斬新なきっかけ」をしっかりとつかめたようで、「書くこと」に意欲的になります。

ここで味わう「ストーリー性の展開」のやり方が、さまざまな課題に向き合ってもらう大きい訓練になっていきます。

散文から詩への展開

子ども達の日々の暮らしを振り返って、「あっ！」と思ったこと、「エッ?!」と驚いたこと、あるいは「そうだったのか……」と考え込んだことや、気づいたことを言葉にさせる試み。

驚き、発見が言葉を育む

私の実感から述べると、詩が生まれる根底には「驚き」と「発見」、物事への「気づき」があります。

一つの事象、現象に対して「あっ！」とか「エッ?!」という気持ちが生まれていないと、言葉は容易に「詩」へと育ってくれません。

その驚き、発見は、何も天から突然降ってくるような性質のものでなくともよく、しみじみと、「ああ、これはこういうことだったのか。知らなかった……」と、わが心の内で、かみしめるという静かな発見でいい。それは書き手なりの「深い気づき」とでもいうべき、新しい視点の獲得といえるものです。

言葉が生産されるという現象の底には、その人なりの（大人でも子どもでも）「未知との遭遇」があるのだ——といってもよいでしょう。

恐縮ですが、拙詩を一つ例に挙げてみます。

多くの母親の方々からお手紙を頂戴した「赤ちゃん」と題した一編です。

「赤ちゃん」

あわてものでもいい／泣き虫でもいい／料理が下手でも／音痴でもかまわない
おまけに／学歴／職歴／賞罰／一切不問
そのままの／あなたが好き／そのままの／あなたがいい
赤ちゃんは／そう言いたくて／あなたに両手を／のばしてくる

この詩は、『お母さんと呼ばれるあなたへ』（後に改題『母になったあなたに贈る言葉』）という書名で出版した一冊の象徴として、冒頭に掲げたものです。

私にとって、この一編は初めて母になった私に、「子どもという存在」への目を開かせる発見をさせた驚きを、そのまま書き留めたものでした。

――難しい育児理論など手放そう。子どもはみんな、生まれながらにして、お母さんを好きでいてくれる。どんなお母さんも、子どもにとって心を許せる、安心できる人として、子どもの前にいる。みんな、自信を持って、子どもの前に立とう。そして、子どもの寛大な受容力に驚くところから、育児を始めよう――

そんな言葉を、心を込めて後輩ママ達に贈りたかったのです。

私は〝発見〟したのです。

初めて「わが子」を抱いたとき、私が抱けば泣きやみ、私を見れば嬉《うれ》しそうに笑う。アパートのお隣の子は、お隣のママが抱くと泣きやみ、笑う。

私が赤ちゃんという存在を前に、「あっ！」と思い「エッ⁈」と感じた心を、そのまま詩にしてみたのでした。二十代の私の人生に訪れた「母親」「育児」という未知の世界の前に立ったその日から、私の心も言葉もあらたに拓かれていったのでした。

驚き、発見の散文から詩へ

子ども達の日々の暮らしを振り返って、「あっ！」と思ったこと、「エッ?!」と驚いたこと、あるいは「そうだったのか……」と考え込んだことや、初めて気づいたこと、気づかされたことなどを、四百字程度の作文にしてもらいます。これは私が子どもに詩を書いてもらうときの一つの方法です。黒板には「びっくりし、ハッとし、ドキッとしたこと」「気づき、発見したこと」と書いておきます。

子ども達は、じっと原稿用紙に目を落としたり、教室の窓へ視線を投げたり、あるいは黒板の真上の掛時計などを注視しつつ、作文のテーマを探す風で、やがて書き始めます。その作文には、書き終えた後に、文を読み返してタイトルをつけてもらいます。

三年生の男の子の作文です。

「名まえはすごい」

お母さんが、先週の日曜日、ぼくに教えてくれました。三歳のぼくの妹の「みゆ」は、漢字では、美しくてやさしいというい［み］を持っているのだそうです。

おばあちゃんが、そばで教えてくれました。「名は体をあらわす」というんだそうです。

名前につけたような子に成長するということだそうです。知りませんでした。ぼくの「あつし」は、深くてりっぱな心を持つ大人になれる名前と知りました。

ぼくは、びっくりしました。同級生のまさる君は、幼稚園のときから怒るとすぐにひっかくのです。さるということばがついているのがいけないのだと、ほんとうにびっくりでした。


さて、こうして書き上げた短い一文を、いく度も本人自身に読んでもらい、タイトルもつけたら、ここで初めてやっとその一文を、行分けした短い文を重ねて「詩」へと移行させます。詩のタイトルは詩を書く前に置いてもいい、詩を書き終えてから決めてもいいと伝えます。子ども達は意外にもさっき作文につけたタイトルを、そのまま詩にも使う子はほとんどおらず、あらたなタイトルを詩にもつけていきます。

そして、作文に用いた文章の中の言葉を詩の一行に使ったりもします。

前述の男の子の一文は次のようになりました。

「名前のひみつ」

名前と人は、重なるんだって。／だから、みんな　いい名前をつけるんだって。

お母さんの名まえは「ひとみ」です。／おじいちゃんが、目のきれいな／

女の子になる　ようにと　つけたんだって。／お母さんは　目がきれいだよ。

ぼくも　きっといいおとなになれる。／名前がいいから　大丈夫だ。／

友だちのまさる君は、「さる」がいけなかったんだ。／

すぐ　ひっかくのは　そのせいだ。／でも、だまっているほうがいいかな。／

教えたほうが、いいのかな。

同じく三年生の女の子の作文。

「いとこからのビックリプレゼント」

いとこから五匹もらったオタマジャクシが毎日、朝起きたときと、学校から帰った

ときと、見るたびに、少しずつ、少しずつ体のかたちを、変えていきました。

ほんとに、びっくり、びっくりです。

足が生えたと思ってびっくりして、その足もじきに別のかたちになってびっくりして、さいごの大ビックリはオタマジャクシがカエルになったこと。

信じられないことが、水そうの中で起きたのです。

「いい勉強になったな。」と、お父さんが言いました。お父さんは、私より、もっと小さい一年生より前には、もう、こんな信じられないことを知っていたそうです。

私は、びっくりしている気もちが、ずっと続いています。カエルを外に出してやった今も続いています。


「詩」への変換は、以下のようになりました。

「大事件の勉強」
オタマジャクシを飼った／毎日　毎日　見ていたら
オタマジャクシが変わった／かたちが　変わっていった
そして／オタマジャクシは／カエルになった

オタマジャクシは／どう思っているのかな
ぼくたちは　がんばった！　と／言い合っているのかな
そして／お父さんの言うように／「いい勉強をした」と／思うのかな
私みたいに／ただ　びっくりしている／カエルも　いるかな
いまでも外で　びっくりしたままの／カエルが　いるのかな

私は子どもに詩を書かせる際の、授業の入り方、進め方については、それぞれの教室の子ども達の個性、持ち味に合わせ、いくつかの方法を使い分けています。

「散文から詩へ」という課題は、子どもたちにとっていきなり、「さあ、詩を書いてみましょう」という「詩」への理屈での説明、誘導よりも、「詩」への入り方、「詩」というものの貌《かお》が、よりつかみやすくなります。

何よりも大事なのは、自分で書いた散文から、やはりこれも自分で詩を書き起こすことで、「言葉へのアプローチ」というものの何ほどかを把握できることです。これも「詩」の世界に入っていく一つの体験なのです。

私が、最初に書いてもらった短い作文に、敢えて初めにタイトルをつけさせないのは、作文のタイトルづけに費すエネルギーを、後で書く詩のために大切に確保しておいてほしいと思うからです。

何よりも、タイトルに置く言葉は、そこで既に「詩」の世界の容れものとしての働きをしているので、初めに作文のタイトルを考える発想と工夫が、「詩」に新鮮な気持ちで向かっていく心の邪魔になるのを避けたいからです。

少し前に書き終えた自分の短い文を繰り返し、ジッと読むことで、内容があらためて立ち上がってきて、自分の言いたかったこと、書き表したかったことが、くっきりしてきます。

「これを書きたかったんだ」「ここを言いたかったんだ」と、自分が書いた文の奥から、書きたかった「気持ち」が、はっきり浮かび上がってくれば、散文から詩へ、「言葉の景色」が鮮やかに変化します。

友達とのこと、きょうだいとのこと、家族での旅行中の出来事……子どもは散文から詩へと形を変えていく作業を、三回、四回と繰り返すうちに、自分の力で言葉の切り取り方というものに気づいていきます。やがて「散文で書きたいこと」と「詩のほうが書きよいこと」があるのだということも知っていくのです。

キーワードからリズムで詩を綴る

心にふっと浮かぶことも、言葉にしなければ、そこに残りません。過ぎた時間の、通り過ぎた心を、もう一度思い出し、振り返ってみる課題。

心に浮かんだものを言葉にして書く

「書く」という行為は、つまり「書き残す」ということ。書き残されたものは、そのとき心に浮かんだ思いを言葉に置き換えて紙に定着させるということ。それは、後から読み返せるということだし、つまり過ぎた時間の、通り過ぎた心を、もう一度思い出し、振り返って見られるということです。

子どもが文字を自在に書けるような学年になったら、このことをしっかりと自覚させたいと思います。

心に思うことは、思い浮かんだまま、それを放置すると、いつか時間の流れと共にどこかへ消えていってしまいます。けれど、**思い浮かんだものを言葉にして書くと、そこに、そのときの「心」が残り、残った分の言葉が、書き綴《つづ》った本人の心の軌跡となります。そのことを自覚的に繰り返していくとき、子どもにとって言葉は、自身の成長との絶えざる出会いとなっていきます。**

私は授業中に、子ども達に語りかけ、言い続けます。

「世界は言葉にあふれているのよ。心にふっと浮かぶことも、言葉にしなければ、そこに残らない。あなた方が何かを見て、ふっと心に浮かぶ思いは、そのときの、世界で一つだけのあなただけのもの。大切に言葉にして残すのよ」と。

語りかける相手が、二年生でも三年生でも構わず語りかけます。そのとき「これはこの子達にとって、まだ理解できるはずがないから言わずにおこう」などとはまったく思いません。

わかる、わかってくれると信じ切って、毎回一生懸命に話します。

「今日は雨だなと思い、次に、ふっと今日の給食はシチューだったなと思い出したとします。そうしたら『今日は雨だ』と一行目に書き、次に『今日の給食はシチューだった』と続けると、それは立派な詩の書き出しになります。そのときの思いが詩の生まれるきっかけになります。浮かぶ言葉は、さっとつかまえて書き残し、紙の上に留《とど》めれば、そこにあなた達のたった一つのそれぞれの世界が生まれるのです」

そんな説明をして、詩を書いてもらう授業もあります。

繰り返しの技法

まず一人ひとりに、それぞれ自分達の心に浮かぶ〈お気に入り〉のキーワードを決めて書いてもらい、そのキーワードを繰り返しつつ、次の一行はある日、あるときに心に浮かんだ言葉を思いつくまま書いてもらいます。その繰り返しの中に、自分しか書けない詩が出来あがります。

この教材のもとになったのは、私自身の、小学生の終わりの頃に書いて、当時の雑誌上で賞をもらった一編の短い詩です。子ども達には、原詩で私の書いた「ソフトボール」を「サッカー」に変えて、わかりよくしたものを導入に用いました。次の一編です。

空が青い／サッカーの試合に勝ちたい
空が青い／道は落葉で黄色い

空が青い／新しい靴を買ってもらった
空が青い／給食は残さず食べた
空が青い／あたたかい冬だ
あしたも、きっと晴れる

書き出しは、自分の使いたいワードである必要があります。繰り返すのだから、その繰り返しのリズムに自分の心、〝書き込む魂〟が触発されていかなくては意味がありません。

子ども達は、説明された授業内容と課題に、短い時間内でも真剣に考えて、すぐ書く作業に取りかかります。一つのキーワードを決め、「あの日」「あのとき」の気持ちや「今日のあの瞬間」の心を思い出して続けてみるという方法です。

五年生の女の子の詩。

登校のときにいつも感じていた自分の歩く靴の音を、一行目にしたかったのだとか。そこから三日ほど前の朝の光景が、言葉になって広がったのだといいます。


コツコツ足音が鳴る／雑音の中に鳥の歌声がまざる

コツコツ足音が鳴る／友達が私の名前を呼ぶ
コツコツ足音が鳴る／友達の足音が増える
コツコツ足音が鳴る／私が、はなうたを歌い始める
コツコツ足音が鳴る／友達も続いて歌い始める
合唱が始まる

いつも感じていた自分の足音と、登校の際の自分と、みんなの姿が、十一行の言葉に定着し、彼女だけの詩が生まれました。本人も、とても気に入った様子。

そして二年生の男の子の一編。

まわりが　真っ暗／前が見えない
まわりが　真っ暗／きけんな道を通る
まわりが　真っ暗／暗くて寒い
まわりが　真っ暗／もっと寒くなった
もっと暗くなった

この子にとって人生初めての詩。

ある冬の夕方の塾帰りの道。家へと向かったときの、辺りの感じを書いてみたかったのだとか。静かで内気な子ですが、いろいろな思いを心にしっかりと秘めていて、一生懸命に書いていました。心に留めていた夕闇の道が、思い出されたのでしょう。きっと、あと半年もしたら、自分の力と内側にまどろんでいる言葉に気づいていき、さらにぐんと書く力が増し、そして今より自分に自信を持てる子に変身するはずです。

子どもの時分に、言葉のリズムと共につかむ、詩の表現というものへの感覚は、そのまま広く〝表現する〟ということの鮮やかな道標になります。

目の前に飛んできたドッジボールが、顔面を打ちそうになった瞬間を思い出し、その一瞬を振り返って鳥の気分になって書いたという、元気でのびのびした三年生の男の子の一編。「鳥になった気持ちで読んでください」という但書きが添えてありました。

ガンメンセーフ／じゃがいもの、芽が出る
ガンメンセーフ／空へ飛ぶ

ガンメンセーフ／タカとスピード勝負をする
ガンメンセーフ／カラスと混じり、ゴミをあさる
ガンメンセーフ／こくばんけしを、くわえる
ガンメンセーフ／電信柱の上に止まる

書くことで、新たな世界が拓かれる

どの子も「あのときの、あの光景」を言葉にして、お気に入りの書き出しから、リズムをつかみ、一心に書く。この、鳥の気分になった子は、一時間足らずで次々に四編もの詩を誕生させました。さすがに数を重ねていくと、詩の表現というものの何か（それは大事な核になるもの）を発見し、「表現」へと定着させる楽しさが生き生きとしてきます。

例えば最後の四編目になると、

時計が動く／アポロ10号がうち上げられる／時計が動く／えんぴつの芯が折れる／
時計が動く／ひざの「かさぶた」が気になる／……

といった具合です。

自分で見つけた柱となるキーワードを繰り返し、次々とその後に、さまざまな表現を綴っていく作業を続けていくうちに、子ども達は、それまでの生活の中で記憶に残っている一つの世界に焦点を当て、それを表現に繋《つな》いでいきます。そのとき、言葉の〝辿《たど》る力〟の秘密に、ふっと目覚めていくのです。そしてまた、かならずしもキーワードにピタリと繋がる言葉を続けなくとも――むしろ、繋がりの薄い、関連性のない現象を言葉に表し、表現として定着させることで――**意外性から生まれる、新しい世界を発見する楽しさに目覚めていきます。新しく生まれた世界の広がりが「面白い！」と、自身で気づいていくからこそ、いくつもの作品を書いていくわけです。**

このときに、子どもは「描き出されて生まれていく世界」というものの魅力に出くわすのです。一言からの飛躍と飛躍から生まれる新たな力。そのつかみ方は自分自身の内側からの、最も至近距離から生まれたものです。言葉のもたらす自身への切り込みの豊かさというもの……。それが、子ども達自身で自分を発見し伸びていくとき、私にとっての感銘を抱く瞬間といえます。

自分の長所を見つめる

自分のよいところを見つめて一つ一つ書き出し、エピソードを添えて作文を書いてもらうという課題。

自分に向き合う作文課題

授業の中に「ぼくの長所」「私の性格の美点」などというタイトルで、自分のよい箇所を見つめて一つ一つ書き出して、エピソードを添えて作文にしてもらうという試みがあります。小学生が「自分について考える機会を持つ」とか「自分に向き合う」などという時間を持つことは、とても少ないといっていいでしょう。あったとしても、それは「反省」する視点が多いはずです。「勉強しなさい」「さっさと片づけなさい」といった注意は親からよく受けるだろうし、教師からも「〇〇しなさい」という忠告もよくされると思います。

子どもは「日常」の中で、自分と向き合い「長所を考えてみる」という状況に恵まれることは少ないと思います。

しかし私は、子ども本人がそれを考えて言葉にし、文字で書き表してみることは、とても大事だと思っています。「自己肯定感を持つ」ことの大切さはもちろんですが、**「学業成績などのように他とは比較せずに、自身の持ち味を知り、そのよい点に気づくこと」は、小学生のうちに一度はしてみることは、大きな意味があると思います。**

この作文は、本人がより書きやすいように、三つの方法を提案しました。

まず、通常の書き手として「ぼくは」「私は」……で始まるもの。次に、自分への手紙形式で、自分で自分に書く手紙という形をとるもの。自分に向けて綴る客観的な目も必要ですから。「君は、頑張り屋だと思うよ……」という自分への語りかけのスタイルで進めてみます。つまり、自分で自分を褒めて語りかけるわけです。もう一つの書き方は、その客観的な視線を、さらに深く、遠くへと見据え、いわば神さま（神仏）の目からの視点で、自分を評価し、褒めてやるという形。「君の優しさは誰にもマネできないほど立派だね」と堂々と自分を称えることができるのも、子どもにとっては楽しいことだし、このように**神の目の下に自分を捉えて楽しんで書ける子は、心に余裕があり、生き生きと「今」を受け入れて日々を送っているものです。**例を挙げると、「ぼくは、お手伝いをたのまれると、ぐずぐずしないですぐに動くということをいつもお母さんにほめられる。」と書く四年生の男の子。「弟や妹へのめんどうみがとてもいい。」と自己評価する長男という立場の六年生の男の子。そして「友達みんなにやさしいし、イケメンです。」と書いた子は、続けて「これはお母さんや同級生の女の子が言ったことです。」と記す三年生の男の子。

自分のよさを書けない子

一方で、自分の長所をすらすら書き進めることができずに苦戦している子がいます。この課題に向き合ってもらいながら、多くの気づきを得ました。

自分のよさを書けず、鉛筆を持てない子、原稿用紙は白いままで顔をうつむけている子は、判で捺《お》したように、学校などで楽しい時間を過ごせていないものです。

私が、とても気になるのは、このような子が昨年あたりから増えていること。いずれも新しく教室に入ってきた子達です。**子どもは耐えていることがあっても、それをストレートな形では表さない。それとなく匂わすという方法で、小さく訴えます。その言葉と、その周辺の表現を見落とさないことが大切です。**こんな風に書いた子もいました。

ぼくは素早く動ける。休み時間も、下校のときも、まわりに友だちが寄るひまがないように忍者のように、いじられないように、ささっと動いて姿を消せる。

と表す子などには、やがて、このいじりがいじめへとエスカレートしないかと気になり、日々の子どもの様子を、よく見るように親に伝えます。親の側は「走って帰ってきて、ゲームばかりするようになったのが、気になっていた」などと話します。

現実に「いじめに遭っている子」は、自分の長所をスラスラと抵抗なく書くということをしません。おそらく自分の心を許せる遊び仲間がいなければ、心を解き放ち、自分の長所と向き合うような心の余裕はとても生まれないのでしょう。自信も失せるのは無理からぬことです。

いじめが、二年間続いていた子がいました。彼は、初めて教室に来て以来、いろいろな課題に、しっかりとした作文を提出した子ですが、この課題には一文字も書きませんでした。

私は、これまで気になる子には、他の子が帰ってから、本人と二人きりでじっくりといろいろな話をしてきました。子どもには、子どもなりのプライドというものがあります。

いじめを受けたからといって、すぐに、それを大人に口にするとは限りません。

彼は言いました。

「誰にも言ってない。ずっとガマンしている」

「すごいわね。誰にも言わないで二年も？　どうして？」

「……カッコ悪いから」

「言うとカッコ悪いの？」

「カッコ悪い。大人に言いつけるのはカッコ悪い」

「そお？　だったら、大人に言いつけない自分はカッコよい！　って自分を褒めてみたら？」

彼は少し目を上げて私を見ました。その目が「ニコッ」という表情を、奥のほうに据えていたように感じました。口元は結んだまま、眼の底が微かに笑ったように思いました。

その後、帰宅前に彼は黙々と鉛筆を握りしめ、原稿用紙を埋めていきました。

僕はいじめにあっている。だけど、仕返しをしたりしない。されてくやしかったことも、そのまま他の人にやり返したりもしない。

ただガマンしている。先生に、すぐ言いつけるのは、カッコ悪いから、それもしないし、大人に全部話すのもイヤだから言いつけたりはしない。

僕は弱いのかと思ったけど強いのかもしれない。勉強がわからなくなってもくやしいし、自分が損するから、学校には行く。不登校になるのもくやしいから、そんなことはしない。

これから、もっといろいろ考えてみる。この作文を書いたのも、僕にとってはがんばった。白紙よりもカッコいいと思う。


暫くして母親がふっと、「なんだか最近子どもが変わったみたいです」と言いました。

作文を通した試み

私はなんでもかんでも「ガマン」が大切だとも思わないいし（モチロン！）、ガマンが何よりもカッコよいとも思っていません。（当然です。）

しかし、自分についてプラスの点を数えられない子が、意味なくひがんだり、いじけたり、萎縮したりせず、自分への見方、考え方をもっと広げて違う角度から現実、現象を見るきっかけがあれば嬉しいと思います。**子どもが生活の中で、マイナス要因に出くわすと**

き、その状況下でも、自ら意識して、少しでもプラス要因を見つけていく発想を持つ努力をすること。そうできる自分への評価を忘れないこと。その大切さを知ってほしいからです。

今は、メディアなどの情報を通し、「いじめ」は担任や教育委員会へ、そして第三者委員会を立ち上げるといった流れや、不登校からやがては自殺といった一定の反応の回路が固定化しつつあることが不健康で恐ろしいことだと思っています。学校でも「作文」という授業を通して、もっといろいろな試みができるのではないかと思うのです。

「いじめ」が発覚してから、子ども達に学校全体で「アンケート」という形の記述を求める以前に、**子ども達の心の「今」について切り口をいろいろに定めた上で、さまざまに書いてもらう試みは、必ず役に立つはずです。**ストレートに「いじめについて」をテーマに書かせるのもいいでしょう。私は教室でそれをやったとき、六年生の男の子が一行目に「いじめは、ダサイ。めちゃめちゃダサイことだと、みんなが知るべきだ。」と書きました。読み上げたときの下級生達の真剣な目が印象的でした。いじめを「人権」という言葉で大人に語りかけられ、学ぶことを超えた上級生の子のそのメッセージは、「日々の至近距離から発せられた日常語の親しさと強さ」をもって、年下の子達へのカッコイイ説得力を持っていました。

私のいじめられ体験

余談ですが。私自身が〝転校生〟としての成育歴が長く、大きい「いじめ」にも遭ってきました。扇動者（？）がいて、クラスの女の子全員が口をきいてくれない時期がありました。そのとき、私は周りとの接触を避け、休み時間は毎日図書室に逃げ込み、「少年少女文学全集」を読み漁り、心を別の世界へと連れて行ってくれる「言葉」に心をつかまれていました。言葉のする仕事の大きさを思い、うっすらと言葉に関わる仕事をしたいと願った私の素地を作った時期が、そこにありました。

蛇足ですが、続きを記しておきます。それから三十年後、四十代も半ばを迎える頃、「いじめ」の本人から突然に電話があり、「わが子が学校でいじめられ、色を失っている。昔の自分を謝りたい」と言うのです。

三十年も前のこと。「もう忘れた」と応じました。

そして、つくづく思いました。いじめられる側はもちろん傷つきますが、いじめる側も、その行為の貧しさ、卑しさに、しっかりと自分自身が傷ついているのだということ。

私は、このことは、いじめられている子に必ず話すことにしています。

事実を書く、想像して書く

課題には、「現実、事実」に沿って書くものと、子ども自身の「想像力、イメージ力」で書くものの二種類があります。ときにその両方を使って書かせます。現実と空想が混ざり合い、別世界が展開していくことを子ども達は面白がります。

空想と現実が混ざり合い、世界が広がる

これまでに、一つの文節、ある表現などをいくつか黒板に書き出し、その一文、表現を取り込んで、きちんとそれらを生かし切り、活用した世界を八百字でまとめてもらうといったこともさせてきました。このような課題だと、子ども達は、例えば現実の友達との遊びの中の出来事を素材にしつつ、提出された文節、表現を使うために、現実を広げ、状況を一部膨らませて一文を作るという方法をとります。現実と空想が混ざり合い、別の世界

が展開していくことが子ども達には、「新鮮で、面白い」のです。一例を挙げると私が黒板に記すのは、こうした内容です。

「まったく、思いもよらぬことでした。こんなことになるなんて。」

「失敗したかと心配になったけれど、あとで考えると、それは失敗したとはいえなかった。」

「やってみるしかない。やらないよりは……。」

この文節、表現を生かすための前後の文章の内容を、子ども達は、考えなくてはなりません。現実も想像もないまぜになった「創作」を終えると、彼らは、一行の文や一つの表現の生きる文節を、十全に使うための工夫に満ちた文章世界を、あらためて学ぶことになるのです。

この、「ある文節、表現をヒントに文章を創っていくという作業」は、「言葉の生かし方の訓練」として、「表現がしっかりとそこに生き、立ち上がるということ」を実際につかんでいく大きい力になります。

だから、この課題の後にその発展型で、子ども達自身がそれぞれに「これを使ってみよう」と、自分の思い浮かんだ表現を口にしてみたり、持参した本を開き、目を閉じたまま指して、その部分にあった言葉、表現を「これも使いたい！」と言う子も出てきます。もし、この課題を継続しようとすれば、それは限りなく続くだろうと思われます。この課題に慣れると、教室内の子は問題を出し合います。

「君は、彼になぐられても仕方ない！」という漫画の吹き出しにあったセリフの一言を生かすための状況設定に苦しむ子、「二人は大笑いしながらその場を立ち去りました。」という一文は、そのとき読みかけのまま持参した童話の中から選んだという子の提案。互いに提出し合った言葉・表現が教室の友達の中で、どんな文章の中に、どう生かされ使われるのか――ということが、互いにそれぞれとても楽しみでもあり、気にかかるようで、この授業のときは、みんな、なんとなくそわそわしているように見受けられます。

書くことの楽しさや難しさを感じる子ども達

この授業は、振り返ってみると、私の「作文教室」で、まず一番初めに、子ども達に試みる「詞《ことば》寄せ」（24ページ参照）の発展型でもあるといえます。

他から選び、与えられた文章を書き綴り、そこから新たな世界を作ってみるというこの作業は、「自力で生む新しい文章世界の楽しさ」を子ども達に植えつけます。**自分達で提**

示し合った一行の文章や、セリフの一言の意味を生かすための全体の文の構成について、持てる力を駆使して、目の前の原稿用紙に向かうとき、子ども達は新しく一つの作品をまとめ上げる喜びも楽しさも、そして苦労する点も心に刻んでいきます。そして、この、ある意味、遊び感覚、文章のゲーム感覚を働かせる行為は、子ども達の「文章と表現」への柔軟な感覚を養っていきます。

この作業の後、六年生の少年が、言いました。

「ぼくね、空想したり、想像したりして書くのは苦手。どっちかというとゼッタイに自分のほんとうのことを書くほうが好き」。それから、こうつけ加えました。

「でもさ、マンガや本から選んだコトバが、浮いちゃわないように、前や後ろや、全体の文章を作るのは、空想とかだけじゃムリだね。やっぱり、空想のところもちゃんとホントのことも入れて書いていたヨ！」と。

「空想の中のホントのこと？」と問い返すと、あっさりと、「イメージだけじゃ、書けないってこと」と言ってのけました。彼の顔を、まじまじと見つめてしまいました。実に、その通りなのですから。

たぶん、空想の世界を広げてみるときに、それが読む側に違和感なく（彼の言う浮いちやわないように）感じてもらう書き方をするには、実体験が意味を持ち、それが大切なのだと、彼は言いたかったのだと理解できます。

子どもは、いつもこうやって作文を書きながら、理屈ぬきに（論理など飛び超えて）表現に関して確かなもの、本質的な部分をつかんでいくのを、私は驚き感心して見つめてきました。

私は、「お話の作り方」だの「空想の広げ方」といったテーマを、起承転結だの、5W1H、はたまた文の組み立てや構成の方法を持ち出しての、特別枠の学びなど提案してはいません。ですが、**作文の授業を続けながら、子ども達が、みんなでさまざまな取り組みを展開し合い、そうするうちに、現実と空想の二つの世界の扱い方、書き方を（遊びながら）知っていったということを、はっきりと感じます。**

現実と想像の世界の淡い境界を、ひらりと超えるともなく超え、書く鉛筆の軸足を自分の現実の体験へ移したり、こうしたい、こうなら愉快と空想する方へと跳んでみたりして、一つの世界、ストーリーを描き出していく。子ども自身が、本来持っている自在な力、現実への対応力、応用力というものは、大人が考えるよりも、ずっと伸びやかで大きいものです。

物事の経過、過程を説明するために

「一つの状況」や「ある光景」をしっかりと書き、確実にそれが読む人に伝わるように説明をする課題。子どもは書くうちに観察力や状況を分析する能力が備わってきます。

豊かな子どもの分析力、観察力

「一つの状況」や「ある光景」をしっかりと書き、確実にそれが読む人に伝わるように説明ができているかどうか、「その経過を書く」という課題があります。

子どもの個々の暮らしを振り返り、自分の家族でも、親類の人達でも、あるいは学校のクラスメイトでも、習い事の友達でもよいのですが、身の回りの存在を一人特定して、その人の、現在や過去の「出来事」を振り返ってタイトルをつけさせます。

タイトルは個々に自由につけるのですが、そこには、その「出来事」の様子について、コトの成り行き、その経過を詳しく書くこと。読む人が、タイトルと作文の内容に、「なるほどね。それでこうなったのか」とか、「こんな風にして、今があるのか」などという納得を抱ける書き方になっていることがポイントです。

タイトルの条件は、「……だった○○さん」「……をした○○君」のように、書き表したい存在の前に、その様子、雰囲気、形態などを象徴的に形容する表現を提示します。

子ども達は、驚くほど早く「その存在」を選びます。いつまでも、ぐるぐる思いを巡らせていないことに、まず私が驚きます。

子ども達の日常は、こんなにもいろいろな存在の発する、さまざまなエピソードにあふれているのかと、あらためて気づかされることも多くあります。

「我慢強かった岡本君」「泣きやまなかった妹」「手品が上達したいとこ」「許してくれなかったお姉ちゃん」「ゲームにハマってしまった弟」「リハビリが終わったおばあちゃん」「近頃、キレやすい今井君」「逆転優勝したお兄ちゃん」

……等々といった子ども達の作文のタイトルが次々と原稿用紙に表れます。

みんな、私の並べた要点を満たすための努力の跡が見える文章になっています。何よりも**記述の具体性が豊かなのは、よく相手を見て、注目しているからで、どの子の文にも、作文の奥に「愛」があります。**

学年が上になると、そこに客観的な状況分析や観察眼が、しっかりと加わっていきます。これは、事前に私が要求したことではないから、書き進めているうちに、客観性や批判性が生まれたのだろうと思います。

書くうちに見えてきたもの

五年生の女の子は、弟が以前から欲しがって「買って」としつこく両親に言っていたゲームを、やっと約束の誕生日まで待って手にした途端、毎日一時間も二時間もやるようになった――と書き、続けて「ある日、お姉ちゃんもやろう」と弟に誘われ、しぶしぶやったら、自分もまた、すっかりゲームに夢中になり、「ずっとやってもまったく飽きない」と、自分にビックリしているところだと続けます。そして弟の姿に、ふと自分を重ねます。ゲームを始めると宿題のことも、やろうと思っていた別のことも「後回しでいいか……」という気持ちになっていくのだと……。

この子の作文には、弟のことを書きつつ、自分にも鉛筆が及び、こんな彼女なりの洞察も書かれています。

もしかしたら、そんなことはよくないとかやめたほうがいいと他人に注意したり、自分の意見をいっぱい伝えるときは、自分もその相手と同じことをやってみたりするといいのかなと思った。そうすれば、そんなにあっさりと、やめなさいとか、それはよくないとか、こうしたら正しいとか、簡単に言えなくなるかもしれない。言わなくていいとは思わないけど、言うことが少し変わるかもしれない。どうすればいいのかも、もっと一緒に考えられるかもしれない。

書いているうちに見えてきたものがここに描かれています。
また、右の肘《ひじ》を骨折した祖母のリハビリについて書いた五年生の男の子は、自分が階段の下の方にキャッチボールの後で置きっ放しにした野球ボールを、二階から降りてきた祖母が「踏むまい」と意識してボールの脇へと大きく足を下ろしてバランスを崩し、床に右の腕をついた途端、その場にうずくまってしまったのだと書き進めました。手術が終わっても、箸《はし》も持てない祖母の様子や、「肘のギプスが取れても肘が曲げられなくて、服のボタンも自分ではかけられなくなった。」と、何かと不自由さにあふれる彼女の日常を書く様子が、とても詳しくて細やかです。

そして書いています。

ちょっとそこに置いただけのぼくのボールで、おばあちゃんは大変な目にあった。おばあちゃんはすごい人だ。黙ってリハビリにはげんで、そのことに一生けん命努力して、ぼくを少しもせめなかった。

と。そして、

それどころか、ボタンを一つかけられるたびに、はじめてできたことのように大喜びする。骨折の前にできていたことも、はじめてできたように喜んで、ぼくに伝える。ぼくは、よかったねと一緒に喜ぶのが、とても悪い気がした。ぼくがケガをさせて、それで少しなおって喜ぶのは、少し身勝手なように思う。

こんな風に、テーマの焦点を他者や他者の暮らしと、その在りように定めて書いていくうちに、それを見つめ、書き留めている自分の側へと視点がおよび、自分の思いが浮かび上がることに気づいていきます。

この作文の課題をクリアするあたりから、子ども達は自然と、「自分のことを客観視して、書き込む」という作業が、ごく自然に身についていったと実感します。

この方法は「自分のことを振り返って書いてみましょう」などという働きかけよりも、なぜかずっと「自分を客観視して、深く見つめる」書き方が生まれてしまうようです。

言葉が自分へ向かう瞬間

「許してくれなかったお姉ちゃん」というタイトルで一文を書いた四年生の女の子。中学二年生のお姉ちゃんの、お気に入りの、縁の部分が白いレースで飾られたハンカチを「友達の家に遊びに行くときに、ベランダの他の洗濯物と一緒にかわいているのを見て、それをお姉ちゃんには無断で借り、ポケットにたたんで入れて友達のところへ出かけた。」という。そこで、おやつに出されたクッキーと紅茶を口にしていたとき、紅茶のカップをひっくり返し、白いレースの縁どりの部分を茶色にしてしまったと、借り物のハンカチを汚した状況が細かに綴られていく。その中では「どうして、私はわざわざテーブルの上に、そのハンカチをポケットから出して、のせたんだろう。」とか、「きっと友達に、ちょっと自まんして、見せびらかしたかったのだと思う。」とも書いている。彼女は、こっそりお風呂でハンカチを洗うのだが、茶色になったところは元通りにならない。お姉ちゃんが、そのハンカチを探している間、彼女は誰にもこのことを言えずに、一人で悩みます。

この作文は、

> ついに、本当のことを言ったとき、お姉ちゃんは「一生許さない」と三回も言った。たぶん本当に許してくれないと思う。

で終わるのですが、彼女は、ハンカチを洗いながら思ったことを、こう綴ります。

> もし、私がお姉ちゃんの立場なら、ものすごくいやだと思う。黙って自分の持ち物を使って汚したことも、それを、洗って元に戻せば大丈夫だと思っている妹のことも

いやだろうな……。

と。自分の心の中を覗《のぞ》き、それを取り出して綴るのは、この子が汚れたハンカチをゴシゴシと石鹸《せっけん》をこすりつけて洗うのに似た自分を、客観的にせずにはおかない営為だといえます。

ある出来事、コトの成り行きを記していくためのこの授業。固有名詞を持つ特定の「存在」の上に、「～だった」とか「～の」とか、状況を表してもらったタイトルをつけるときは、書き手は、その鉛筆を持つ手が、自分の側へとおよぶことはまったく思ってもいない風です。

書き出してみて、書き綴るうちに、ふと言葉が自分へと向かうのです。

このことは「一つの存在が関わる他者との関係性」のうちに、子ども達は自分を振り返り、見つめる機会を必然的に得てしまうのだという事実をしっかりと物語っています。

「感動」について考えてみる

作文教室を続けていくと、三、四年で、言葉の意味を、自分なりの発想で向き合うことができるようになり、子どもなりの世界観、価値観が育っていく。

作文で哲学する

作文を書くための教室に一か月に一度通い、それを小学二年生から六年生まで続けるとしたら、一年間で十二回、五年間で合計六十回分の課題に向き合い、「言葉」と「表現」に工夫をし、「自分の思うことを文字に置き換える」ことになります。

「継続は力なり」というのは、作文でも同じ。

前著『浜文子の「作文」寺子屋』の中で「哲学することの入り口に立つ」という項目を挙げて、「なぜ言葉という文字を『言』という漢字に『葉』の文字を重ねて使うのでしょう。自分なりに、あれこれ想像を巡らせて書いてみてください」などと課題を出したエピソードを紹介しました。**一か月に一度、作文を書き続けて三、四年経つと、こうした「哲学することの入り口」には、子ども達全員がスッと立てるようになります。つまり、「あっ」と発想が閃《ひらめ》き、握りしめた鉛筆を、休みなく動かしていくようになるのです。**

私は毎年、この子ども達の力に感動させられてきました。

「自分なりの発想」で自由に論を展開するのが好きな子ども達に、考え方、書き方を誘導するような作文教育を、私が強く忌避するのは、大切な「自分の頭で考え、自らを自らで育てる能力を失わせる」と思うからです。

「感動」について子どもたちの作文から

最近、〝哲学の入り口に立ってもらった〟課題は、「感じて動くと文字で書く〝感動〟について考えてみてください。感じるのはどこ? 動くのは何?」。そして、「人は、感動すると、そうさせてくれた人に向かって、感動をありがとう! と言ったりするのはなぜ?」子ども達に書いてもらう前に、私が言うのはこれだけです。その上で、「自分の感動した経験を入れながら、感動の内容と意味を作文にしてみましょう」と促します。

ほぼ三十分で六年生の子達が集まる教室の、全員から、それぞれの「感動とは?」論が提出されます。

二年生から休まず私の「作文教室」に通い続けた子ども達六人の、「感動」を論じる一文の論点とその要旨をかいつまんで紹介しましょう。

まず、一人の子は低学年の頃から、文章にするとき、与えられた課題を何よりも自分の感じ方でパッと鷲《わし》づかみにし、そこから書き始めます。私は彼女の、この物事への迫り方と把握の仕方を大いに大切にしたいと思ってきました。

彼女の一文の書き出しは、こうです。

感動の感の文字には、「心」が入っている。ここで下の動の字と組み合わせると、心が動くということになる。感動とは、何かに心を動かされることだといえる。

それから彼女は、自分の体験に触れた一文を記しました。

私が、学校の運動会で徒競走の練習のとき、友達と一緒に走ったときはいつも三位や四位だったけれど、本番で最後まで、あきらめずに走ると二位になれた。このときから最後まであきらめずに取り組むと、よい結果になると感動したが、ある意味、私は徒競走に心を動かされていた。成功すると、場合によってはそれが大きなことにつながったり、考え方が変わったり、その行動をした人などが、まわりの人の心も動かすことがあると思う。それは、人を助けたことになる。だから、みんな、感動させられると、その人に「ありがとう」と言いたくなるのだと思う。

そして、別の女の子は、このように記します。

私は、なみだもろいので、映画を観に行くと、いつも泣いてしまう。人は感動すると、泣く・笑う・だまりこむの三つの気持ちを味わうと思う。そもそも感動とは何だろうか。

それから、彼女はこう続けます。

人が、心が動いて泣くとかだまるとか、そうなるのは、自分の人生と重ねたり、自分の中に、欠けていた何かを感じさせられたり、気づかせてくれるから、「気づかせてくれてありがとう」や「感じさせてくれてありがとう」という意味をこめて、「感動を、ありがとう」と口にするのだと思う。でも、笑ってしまうのは、なぜ？とも思う。笑ってしまうのは、きっと「幸福の笑い」で、「ここにいてよかった」や「うれしい」など「幸せ」を感じるから、思わず笑みを浮かべてしまうのだと思う。ここで、もう一つ「なんでだまってしまうの？」と思う。これはもう、言葉にもなんにも表せないくらい、心が動かされてしまった姿だ。

彼女の分析は、そのように進み、終わりへと続きます。

このように、感動には、いろいろな気持ちの表し方がある。でも、こうやって感動することができるのは、私が毎日、毎日、一生けん命に生きているからだと思う。

だから感動には、一人、一人の経験が必要だ。今までも、これからもずっとだ。感動は気持ちを変え、心を変える。人を変えるすごい力を持っていると思う。だから私は毎日が感動だと思っている。そう、これらが私の思う感動だ。

この子は、家が食堂を経営していて、忙しい両親の立ち働く姿をよく見て育ち、とても気のつく、気配りのできる大人びた子なのですが、文にもこの子のそんな持ち味が反映されています。

そして外へ外へと自分を自ら目立たせることはありませんが、物事をとにかくじっくりと見つめ、そしてゆっくりと言葉を表出させる個性の持ち主の女の子の一文。

私は、すぐ感動する方ではありませんが、映画やテレビドラマのラストシーンで、よく涙を流してしまいます。これは感動が外へと涙になって表れたのです。感動は、心が動くとき、涙に変わったり、「ありがとう」という言葉になって出てきたりします。感動した後には、気持ちが、あたたまったり、うれしかったり。私にはなんだか、ほっこりとした感情で、心の中が変化する感覚があります。

このように書き進み、そして続けます。

そして、「ありがとう」と思える気持ちも、この感情からなのかなと、思えてきます。私は、ある歌の一部分を思い出しました。それは涙がこぼれるのが悲しいのではなく、「ありがとう」という感謝の心がわいてくるからだという言葉です。これはまさしく感動を意味していると。ここまで書いてきた私の言葉を、まとめたようなものです。やはり感動とは、心の中の出来事なのです。それを表現するとき、はじめて、それは外へと言葉になったり涙になったりして出ていくのです。

「感動」という言葉は、人の心の中では、「感謝」のとても近くにあるということを、体験を通し、鋭い感覚で伝えている子もいます。

別の女の子の次の一文。

単に、うれしいとか少しびっくりしたという気持ちは感動したとは言わない。うれしさや、すごさを感じたとき、そのときの気持ちがずっと続いて、頭や心に残るのが〝感動〟になる。

そんな書き出しで書いた文章は、一年前の職業体験の授業で八ヶ岳に行ったときのことに移ります。

私は、そこで養蚕の体験をした。そこでニワトリが卵を産む瞬間を見たとき、感動した。
そのときは、うれしいといった感情よりも感謝の気持ちが大きかった。感動は、めったにできない。だから、そうさせてくれてありがとうと思ったのだと思う。
感動すると、人は成長すると思う。私もニワトリが卵を産むのを見て、いろいろな物に対して、〝どうやって、ここまで来たのか〟考えてみたりすることがある。人の心が動くのは、とても難しいことだと思うけど、いつか自分が、人の心を動かして、ずっと頭に残るような、感動をさせてみたいと思った。

と、このように一文を終えています。
そして、「感動」を、自分の心臓の鼓動によって書いてみた女の子もいます。

「トク、トク、トク」。これは、いつもの私の心臓の音。いつもは私の心臓の音なんか意識しないときこえない。何かを目にしても、何も思わない。そんな普通な生活をしている中、私は映画を観に行った。

と書き出し、彼女は次にこう続けています。

ラストシーンになると「ドクン、ドクン」と心臓が、大きく鳴っている。いつもの、トクトクという音とはまったくちがう。重みを感じている。きん張するときと同じような音だ。そして目から涙が、こみ上げてくる。私は心がうれしさや悲しさを感じて、心臓がドクンドクンと激しく動いているのと合わせて「感動」ということだと思う。「感動をありがとう」と言ったりするのは、私の体験談的には、感動すると、とてもよい気持ちになる。感動するというのは、単によい話を聞くということよりも、みんなで心を合わせたり、大変な事を乗りこえたりして、きずなが仲間の間にできたりするのを知ってこそのほんとうの「感動をありがとう」だと思える。

心が感じ、心が動くのは、その裏にいろいろなことがあり、それを分かち合えるという、とてもすてきな言葉だと思う。

そして、もう一人。どんな課題に向き合っても、すべて自分の生活の中心である〝サッカー〟に結びつけて、それを中心に文章を展開する男の子の感動論。

ぼくはFCバルセロナ対レアルマドリードの試合を見ました。バルセロナとレアルは、世界でいつも一位か二位をとります。試合は三対一で、バルセロナが勝ちました。そのとき、大活やくしたメッシのプレーに感動しました。ぼくは感動したときに、すげぇーと思い、勝手に、自分がプレーしているみたいで、楽しい気分になってしまいました。

この気持ちは「感動」という言葉が合っていると思います。

この少年は、あるチームの有力メンバーであり、キャプテンでもあります。名プレーヤーとして頑張りを見せ、新聞の地域の少年、少女の活躍を伝えるスポーツ欄で、その名を知られてもいます。あと一分、いや、あと数秒で試合が決まるという刹那《せつな》に鋭いシュートを決めてみせ、チームを優勝に導くのです。彼は続けて書いていきます。

心が動くから行動に移す。その行動に、また心が感じるから感謝したくなる。「感動をありがとう」と言うけど、感動に心が動くと、そのうれしさ、楽しさ、おもしろさ、すごさを自分でおさえられずに、友達に伝えたり、みんなに言ったりしたくなる。そんな心にしてくれる「ありがとう」なのだと思います。「感動」は、そうやって、人の間に動いていきます。

子ども達は、この作文を書いた後にきっと「感動」という言葉を目にし、耳にするとき、一人ひとりが、思い入れを込めて、この文字を受け止めると思います。

書くとは、そういうことだから。**その年齢に相応しい形で確かめられる自分の思いが、自らをさらに大きく成長させるにちがいありません。**

この子達が三年後に、中学三年生になったときは、さらに大人びた言葉を用いて行間を埋め、その論は深く、精緻《せいち》になるはずです。

それを予想し、願っての「六年生なりの哲学の入り口」となる作文の課題を与える日を、私は毎年楽しみにしています。

書くということ

作文教室の最後の授業で、子ども達に「書く」という行為が一体どういうものだったかを振り返ってもらう課題。

書くことで感性を拓く

作文を書く心を拓き、その力を耕していくことを目的とした小さな教室を続けてきて、私はこの教室の最後の授業に（教室に通い続けてきた子達が、中学生になるというときの三月の授業）、みんなに書いてもらう課題があります。子ども達にとって「書く」という行為が、一体どんなものだったかという振り返りの一文です。タイトルは自分達で、それぞれにつけてもらうことにしますが、課題の求めるところの周辺を、ざっと伝えます。「書くということ」「私にとって書くこととは」「書くことでの気づき」「作文で気づいたこと」「『書く』ってなあに？　どんなこと？」等々。

雨の日は自転車に雨ガッパで、強風の日も髪をかき上げ、息をハアハアいわせ、作文を書くために通った子達は、いろいろな課題を与えられ、そのテーマに沿って、それまでに何十回も、鉛筆を手にし文章を仕上げてきました。そんな彼ら、彼女達が、重ねた「書く」という行為についてを、自分の中にどのように位置づけているのか、振り返り見直してもらうのです。

私自身は、「書くこと」を仕事としてきましたが、それは「刻む」ということと等しい行為でした。刻印するという言い方がありますが、刻むのは心に浮かんだ言葉。文字通り、刻々と人生の経過と共に重ねられ積み上げられていく経験の全てが、言葉という道具の伴走で心に刻まれていく。それらを掬《すく》い取り、記していくのが、私の人生と仕事そのものとなりました。

書くとは、私にとっていつの時代も、「生き方の表明」「思いの整理、整頓」であり、「進言、提案」を含めた「メッセージ」でもあり、それらは全て私の心、思いの現在位置そのものの確認行為でした。

自分自身の言葉と、考え、意志とは、いつのときもピタリと寄り添い、私から乖離《かいり》することなく、今日まで来ました。

作文のための教室に小学校の低学年から通ってきた子達は、十歳といくつかの年齢で、「書くこと」に関して、どのような思いを抱いているのかを尋ねてみたくもありました。それぞれに個人的にどのような把握の仕方をしているのか、「言葉」で記してみることは、作文表現への大きな意義づけになると考えます。

以下に、六年生の子達の一文を紹介してみます。（タイトルは、それぞれ本人につけさせました。）

その子らしく、自分らしく

一人の女の子はストレートに、そしてシンプルにタイトルを「作文」とし、一行目にこう書き出しました。

「作文」という言葉を聞くと、私は自然に「反応」してしまう。なぜなら、私の得意な「作文」だからだ。私にとって書くこととは、自分の気持ちを素直に表現できるということだ。スラスラと作文が進むと、とても気持ちがよい。作文教室では「こんなことを書いてはいけない」とか「こうしなさい」とか言われないので思ったことを好きに書いていいんだと思えるようになった。これまで書いてきた中で、みんなで言葉を好きに出し合って作文を書くという課題が面白かった。内容を前もって決めずにそれぞれに思ったことをスラスラ書き始めた。書いていると、その間に自然に、次の言葉が頭に浮かんでくる。書くことで、私は表現する力が上がっていった。そして、苦手な小説を読むことにもチャレンジするようになった。

すると、どんどん作者の表現の仕方などに目が行き、内容に心が吸い込まれ、同時に私の作文を書く力も上がっていった。書くことは、いろいろな方向へと私を向かわせ、成長させてくれた。何よりも、書くことは私にとって素直になれる素晴らしいことなのだ。

また、別の女の子は「書いて気づいたこと」のタイトルで、こう書きます。

私にとって書くとは、口でなかなかうまく言い表せないことも、紙に向かって鉛筆を手に持つと書けるということです。身近な例でも、なかなか恥ずかしくて伝えられない感謝の言葉なども、書くとスラスラいくということがあります。そして、私にとって原稿用紙は、自分を表現する場なのだと感じています。自分の考えと、他の人の考え方は違うので、自分の考えを主張したり、相手にそれを納得させることができるように、自分なりの心を伝えるには表現に工夫も努力も必要になります。作文は、書き続けると、自分の表現に自信を持てるようになり、自分というものについて、どんどんわかるようになる気がします。また他人に納得してもらおうと書いていると、自分に納得できるようになるということにも気づけたのです。それが、私の書いてきた力です。

この子は、〝自分に出会う〟という深い気づきを得たようです。
毎年、話すことと書くことの相違について思いを記している子は少なくありません。
やはり女の子の一人は、

作文の課題について、初めのうちはいちいち書かなくても口で言ったら早いのに……と思ったこともあった。でも、書くということは自分の心にいろいろなことを思い出す努力をしたり、ときにはメモをしたりすることだと思い始めた。すると、物事を書くということは口で言って終わってしまうよりは、くわしく、こまやかに具体的に表すことなのだと考えるようになった。書くと、一つ一つの漢字についても、その特ちょうがわかり、意味を考えることと合わせて楽しくなる。作文は、文章で書き残すことの大切さを教えてくれる。そして、一人ひとりが、自分の考えを、自分の書き方でやるという大事なことも教えてくれた。

この子のタイトルは「書くということ」

最初の一行を、「書くって、本当にいいことだ。」という一文で書き始め、最後の一行も、書き出しと同じ言葉でしめくくった女の子の作文。

「私は、文字があってよかったと思う。文字は自分を表せる。」と続け、それからこう書きます。

でも、ときどきとても書くのが難しくなることがある。だが、それがあることで、たくさんの発見がある。頭の中に、なんとか言いたいことがあっても、うまく表現できないとき、いろいろ〝考える〟からそれによって言葉を見つけ出し、〝こういう表し方がある！〟と自分で納得する。すると自分に素直な気持ちが生まれる。自分の意見や意志も自信を持って強く言えるようになる。また、柔らかく、やさしく、ていねいに表したり、自由になれたりする。私は書き続けているうちに、そのときの自分自身を、表せるようになった。書くって、本当にいいことだ。

男の子の中に、こんな風に書いた子がいます。何人かの、他の友達と同様に、

口で言うのに比べて、書くのはまどろっこしいと思う人も多いだろうが、書くと、自分がつい、今しがた書いた一行が、次の一行とつながっていく少しの時間が、とても大事なのだと気づく。

それは、他人には頼めない、自分だけの作業なのだが、〝やりがい〟のあることなんだと思うようになった。〝やりがい〟があるものは達成感がある。少し面倒くさいと思っても、このような達成感は大切だと思える。

作文は漢字のように「お手本」がない。だから全部、自分がやってみるしかない。考えてみると、自分で自分のお手本を見つけるための努力をしてきた気もする。自分

のお手本とは、自分の考え方のお手本なのだと思う。こう考えたという、この意見も、書いてわかったぼくの考え方の一つだ。

私は、この教室で、とにかく「思ったことを自由に」と、書くことについて、それを言い続けてきました。「人のマネではなく」「あなたらしく、自分らしく」と。**一人の子は、その子らしいからこそ尊い。一人の人間が、自分らしさを大切にするからこそ、他者も尊べる。**そのことを理屈ぬきに肌で知ってほしいと願ってきました。みんな、書くことで素直に自分を出せたと書いています。

そして、子ども達の中で圧倒的に多い意見を代表したような作文を最後に紹介します。「書くこと」と題した女の子の一文。

私は、書くことで、たくさんの想いを表現してきた。私にしか伝えられない作文って何だろう？そう考えて、この文章を書こうと思う。まず、私にとって書くこととは、〝素直になれるもの〟だ。自分の中から何かを伝えることは、とても難しいと思っていて、なかなか素直になれなかった私だったけれど、書くことによって心を表せるようになった。そのため、今まで何度も、鉛筆をにぎってきたけど、気がつけば、いつも無意識に素直な気持ちで書いている。これは思いのままに心ゆくままに書いている証拠だと思う。例えるなら、軽やかにダンスをする心でしょうか。すると、作文を書いているとき、とてもおだやかで、生き生きしている自分がいることに気づく。

こんな気持ちになれるものがあること、本当にすばらしくステキだと思う。この気持ちが、私の自信につながる思いなのだろう。

さて、最後に〝書く〟って何なのか。結論から書けば、人それぞれの考えがあるだろうが、私に限って言えば〝それは、うそ、いつわりのない心〟を表すことだ。書くことの着地点は、〝素直な心〟になる。頭の中も、整理され、書くことによって何かを打ち明けられる。だから心がおだやかになれる。それくらい〝書く〟ということは、大切なこと。つまり私の心の姿そのものなのだ。

それぞれに「書く」ということでつかんだ十二歳の「今」の正直な心情吐露です。

「自分」という文字について考える

「考える」ということは、自分の思いを言葉にして引き出す作業となります。考えることが定着すると、文章を書くことも容易になります。

考えることへの導き方

子どもに物事について「考える」という心の動かし方を身につけてもらう糸口は、生活の周辺を見渡せば、そこここに転がっています。

以前から書いてきましたが、**子どもは本来「考える」ことが大好きです。**その大好きなところを、発揮する機会が少なく、その状況に出くわさないから「考えなくてもいい」「考えるのが面倒だ」という子になっていきます。子どもが自分の足でわが身を移動させる「歩く」ということが可能になると、移動した先の、目にした物、手に触れた物、何にでも「これ、なあに？」と尋ねます。

子どもは小さいときから、つまり小さい足で、立ち上がったときから「これは、ナンダ?!」という疑問を抱き、それを自らに取り込み、納得したいと心を動かせる生き物なのだとわかります。

「これ、なあに?」が一段落して、子どもが本人なりの理解で、自分の身辺を把握できるようになった頃、親や大人は「○○についてどう思う?」とか「どうして○○は、△△なのだろうね」と、子どもの側へ問いかけを発信してみてほしいと思います。

問いかけられれば、子どもは自分なりの答えを心の内で探り始めます。このことは子どもの人生にとても大切な要素だと思っています。

考えたことが文章に繋がる

作文教室では、五年生、六年生になると、どんどん「考える」ことがそのまま書き起こすことの内容そのものになっていきます。書き進めることの中に、書いている本人の〝自己確認〟が、知らず知らずのうちに原稿用紙に定着していくことになるからです。

書き終えると「ああ、私は(ぼくは)このことを、こう考えていたんだ」との意識が、あらためて、子ども本人の中に立ち上がります。

「考える」ことをさせるための課題が繰り返されていくと、その頻度に比例し、子ども達の心情吐露ともいうべき内容を伴う文章が増え、そのときどきの〃心の振り返り〃ともいえる、自己確認の一文が加わったりして、全体的に文章がしっかりとし、整ってきます。

ある日、私は教室で「『自分』という言葉、文字による表現をよく見て、自分の『自』、そして『分ける』『分かる』の文字がここについていることについて、そのヒミツを、一人ひとり思うままに自由に書いてみてください」と、子どもに働きかけてみました。

不意に問われた事柄に、子ども達それぞれの「自論」が、展開されていきます。

自分の思いを自分の中から引き出していくためのヒントになるものに自ら注目し、それを糸口に、考えを発展させていく道筋は、「そのように考えていく自分との出会い」となり、それは、そのまま文章による、自分の考えとの出会いの方法を辿ることになります。

「分」という文字は、分けるというときに使う。

ぼくは、この文字に、大きいポイントがあると気づいた。子どもから大人になって、それから自分の仕事を見つけて生活していく。ぼくは、父のことを思いうかべた。父は、本当はぼくのおじいちゃんの始めた店を継がないで、会社員を続けたいと、ずっと思っていたそうだ。でも、おじいちゃんが、突然店で倒れたので、会社を辞めて、店の仕事をすることになったと言っている。
父は、自分の気持ちをおじいちゃんに分けてやったのだ。それから父は、店で働く人達のみんなが安心できるように、店の人達五人のこともいろいろ考えている。父はここでも自分を他の人に分けて努力してきた。大人になると、自分の心、気持ちを、あちこちへ、いろいろに分けていくことになるのだなと分かる。分けることが増えると、頼りにされることも多くなるのだと分かる。自分の〝分〟の文字に分ける意味が入っているのは、人間は頼られるようにならないと、一人前ではないのかなと、気づいた。

と、一生懸命に綴ってみたのは五年生の男の子。
同じく〝分〟の文字を糸口にして、六年生の男の子も、こう書きました。

人間は、変化していくものだということを感じる。〝分かれる〟とか〝分ける〟の文字がついているのは、木が成長すると、枝がいくつにも分かれ伸びていって、いつまでも一本の幹のままではないのと同じなのだと思います。ぼくのことを考えても、一年生から三年間体操教室を続け、四年生の夏休みに野球の観戦をしたのがきっかけで、それからは野球一本です。六年になって、いとこが、卓球の選手になったのがうらやましく、かっこいいと思い、卓球もやってみようかと思うようになりました。
ぼくは、一つ一つに一生けん命になっていく自分を「好きなことが、あっちやこっちに分かれながらいろんなことを身につけながら育っている」と、思っています。一人の人間の中でも枝分かれして、自分に向いていることを探していけるのだと思います。一番太く育って、一番長く伸びた枝が、将来のぼくに一番似合っているぼくだといえます。木のように枝分かれして大きくなる性質は、人間も一緒です。だから〝分〟の文字が「自分」という言葉にはついているといえます。

そして六年生の女の子。

私は、自分の命というものの、もともとの形について、よく考えてみた。両親、祖父母、そのまた親……とさかのぼっていくと、今の、ここにこうしている自分が、髪の毛から、つめの一つ一つまで、全部が何もかも、さかのぼった命から分かれ、その人達から分けてもらっているのだと気づいた。だから「私自身」とか「ぼく自身」といっても、本当は「みんな、いろいろな人から分けてもらって今があるんだ」ということを、忘れないように『自分』という言い方で〝分けてもらったこと〟を伝える言い方が生まれたのだと気づく。

私は、まだ十二歳だ。これから成人して世の中で働く大人になったら、親や祖父母や親類など、私の血のつながっている人達以外の、いろいろな人達に、いろいろなことを教わったり助けられたりすると思う。人に何かを分けてもらったら、私もその分、誰かに何かを分けてあげたい。命を支え合う基本に〝分ける〟の文字がついているのは本当に深い深い意味があると気づき驚いた。

この子は、書きながら、考えながら、驚きに辿りつき、辿りついた自分に驚いてもいます。**自力で考えて辿りついた結果に、「そうだ」「そうなんだ」と納得すると、子ども達は俄然《がぜん》「自意識」に目覚めていきます。**

「我思う、故に我あり」……の姿がそこにあります。

第3章

子どもの作文力が育つとき

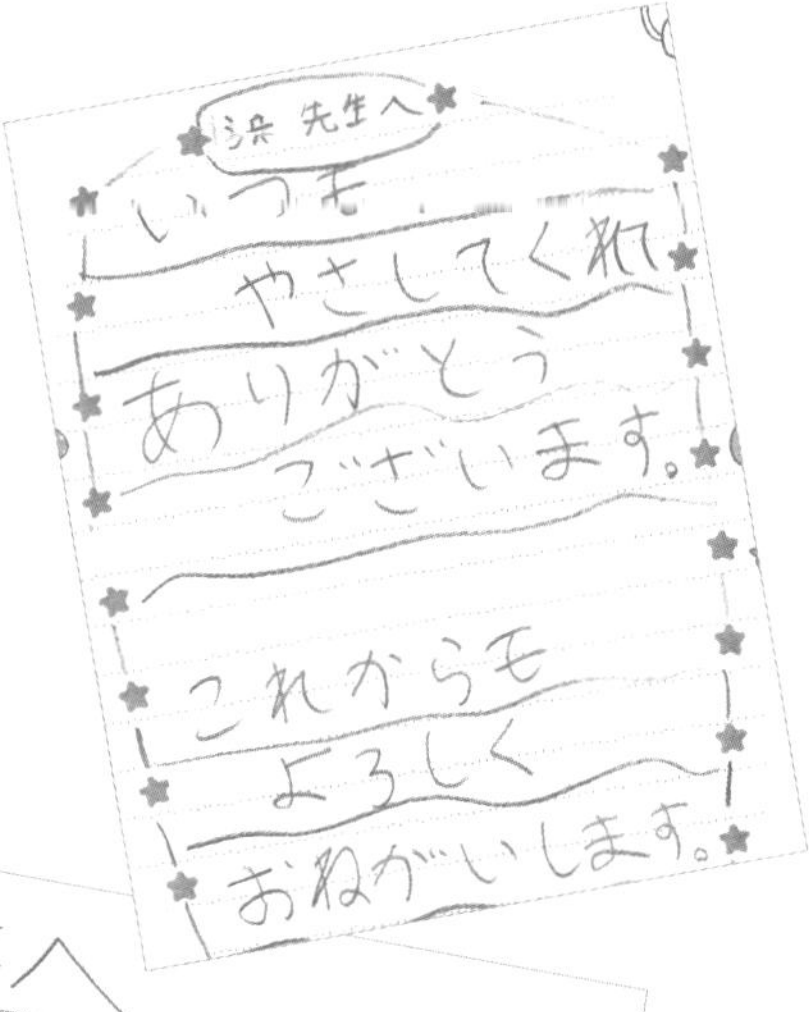
浜 先生へ

いつも やさしてくれて ありがとう ございます。

これからも よろしく おねがいします。

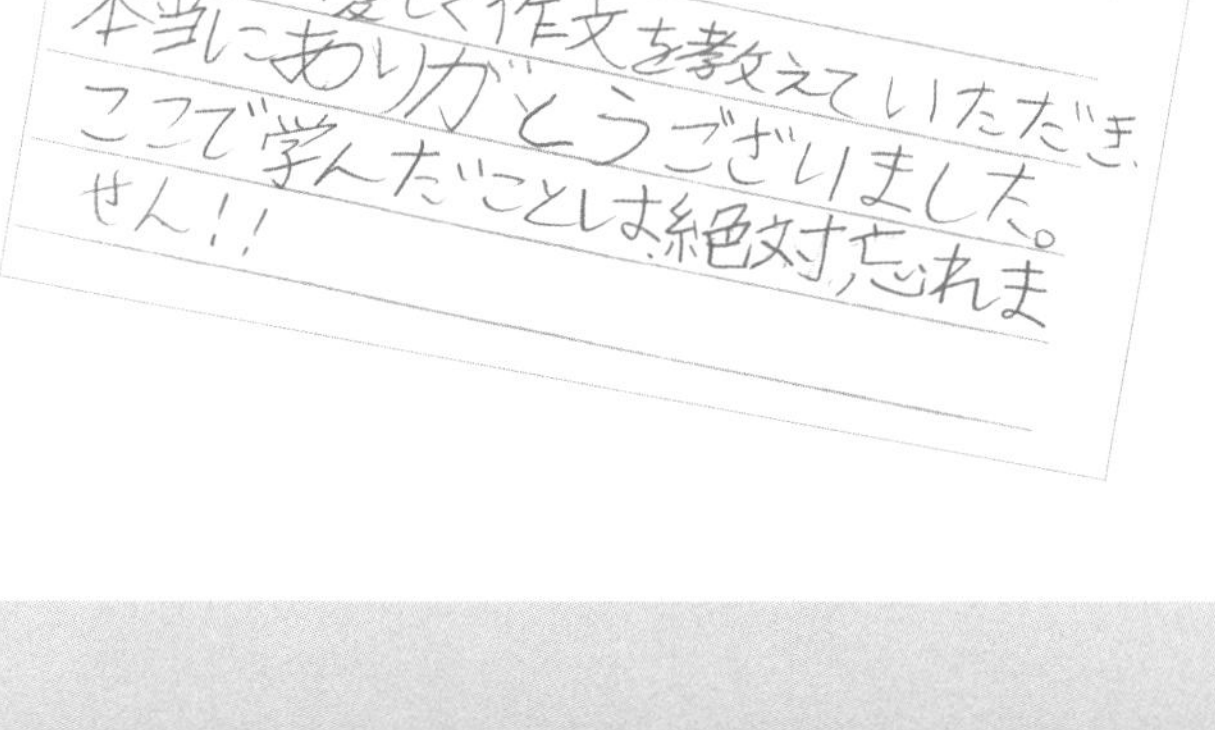
浜先生へ

楽しく、優しく作文を教えていただき、本当にありがとうございました。ここで学んだことは絶対忘れません!!

考え方の手がかりとしての問いかけ

「書く」ことは、「自分の考え方、感じ方が、自分でわかっていく」ことになるので、考える訓練が必要になります。子どもに考えさせるためには、大人の問いかけが大事。

子どもへの問いかけを探る

ものを問われると、その問いに答えなくてはなりません。そのための言葉を自分の内《なか》に探り出す努力をしなければなりません。探り出す過程は、そのまま「考えること」「確認していくこと」と一体となった作業です。

だから私が主宰してきた作文を書くための教室は、一言でいえば私の側の「問いかけ」の方法、つまり「問いかけ方」を探り、工夫する道のりの歴史だったともいえます。

「○○は、どうして○○と呼ぶのだと思いますか」「××は、あなたなら、どんな風に考えますか」等々と。それは、子ども達の記憶にも残ってはいないはずの「そのように伝えられ、教えられ、そのように認識している」という事柄への、あらためての問い直しにもなります。例えば、みんながよく知っている『うさぎとかめ』の話でもゴールまで頑張った亀に比べ、うさぎは途中でひるねなどしてなまけていたので、のろのろの亀が先にゴールしたと、亀の勤勉さを教えられてきた子に、この話には一方で、眠っていたうさぎを亀は起こしてやり、一緒にゴールしたというストーリーもあることをどう思うかを問うのも面白いかと思います。

「そのように認識してきたが、あらためて問われてみれば、それは、なぜなのだろう……」

子ども達は、再び自分の頭で、自身の考えで、そのことを自問し始めます。**自分の内側に問いかける作業を積み重ねていくとき、人は必然として、自分に向き合うことが習慣化されていきます。**

それは大人、子どもに関係なく、そうなります。

子ども達にどんなものを（どんなことを）教材とするか、それをどんな切り口で、どのように展開して、自分の中に取り込んでもらうかは、私の作文の授業を進めるための、最も力を入れている部分です。

一冊の短編小説などを朗読したとします。その上で例えば何を問うかと共に、どう問うかはとても大切な「書くための道筋を開く方法」になっていきます。先述のイソップ物語なども教材としていろいろに工夫して取り入れ、古くから子ども達に語り継がれてきた古今東西の数々の作品群などの中から、「問いかける内容」を考えます。

考え方を探る訓練

それは、そのまま子ども達にとっての、「考え方というものを探る」訓練へと繋《つな》がっていきます。物語についての感じ方といったものには、「正解」も「不正解」もありません。しかし読む側が「そのように感じ取った」ということを、本人が「なぜ、そのように感得したのか」と、自らに問うことの意味は大きいのです。

「この話の、この部分に心を動かされたのは、つまり私にはこういうことだった」とわかるか、あるいは「この部分に心を動かされたのは、自分にはまったくない考え方を主人公が持っていたからだ」と気づくか。いずれにせよ、「正解は決して一つではない物語の受け止め方」についての感想文、作文に、他者が「なるほど、そういう感じ方もあるのだな」

と思える説得力が生きているこしが大切で、それが生きている文章とは、つまり自分の感じ方、受け止め方を、本人がきちんと言葉で表現できるだけわかっている、ということに他なりません。

「書く」とは、つまるところ、「自分の考え方、感じ方が、自分でわかっていく」ということに尽きるというわけなのです。

それを子ども達に肌で（頭ではない）わかってもらうための道のりとして、私の「作文教室」で提示し続けるのが、つまり「問いかけること」なのです。

「問いかけ」には、問われた側に深い「問いかけの余韻」を残すものと、そうでないものがあります。**子どもには、子どもの心に永く「問いかけの余韻」が残るタイプの問いを発したいと思っています。考えるという行為の起点となり、あらためて自分に問い返すという行為の核を作ったと記憶に残るような、深い問いを。**

大人に詰め込まれる子ども達

何度か、あちこちの雑誌などにエッセイの形でちりばめてきましたが、私には「子どもは本来とても哲学的な生き物だ」との持論があります。多くの大人達は、決してそうは思っていないので、既存の知識をあれこれ教え込み、考え方までを「指導」の名のもとに吹き込むことがあります。**子ども本人が、じっくり自分と向き合う時間を得て、自らの手で、自らの言葉で、本来の自分の考え方、感じ方を掘り出し、掘り起こすことが大切です。**それ以前に、子どもの持つ心の土壌に、さまざまにたくさんのことを詰め込んでいくと、詰め込まれた知識による先入観、既存の思考方法で土壌が硬くなってしまいます。そして、ごく当たり前に、「正解」は大人の中にあると固く信じてしまいます。思考停止の状態で過ごしてきた子は、大人の側のお墨つきをもらわないと、自信が持てなくなるのです。

私の教室にやって来る以前に、既にそのように育ってきた子に、「自分の思った通りでいいのよ」「自分がどう感じたかを、周りの子の考えと比べずに書いてごらんなさい」ということを浸透させるのに、かなりの時間と手間を費してきました。特に受験のための学習塾などにずっと通ってきた子などに多いのですが、自分の思い方、感じ方をじっくり見つめるよりも、周りが何を書くかが気になってならない傾向にあり、それがとても残念です。ここを「みんな違って当たり前」で、「それぞれの違いが素晴らしいのだ」というところへと持っていくまで、相応の時間を要します。そして、このことが確立するとき、教室の中の子は、周りなど気にせず「自分が自分であること」の力を知っていきます。

私は、つまり「我思う、故に我あり」を、子ども達の柔らかい頭と心にしっかりと育てていきたいと願って、この教室を継続してきたのだとつくづくと思わせられます。子どもは、もともと「我思う、故に我あり」という存在です。その生まれながらの「本人としての個性」は、初めからキラキラと輝いているのですが、「学力教育」に重点が置かれると、子どもは既存の知識の吸収に努力を傾け、そのうちに大人の言いなりになることが善であり「自分は、そう思わない」などという疑問を発したり、「NO！」と考える自分を外に出したりすることが悪のように白ずと感得するようになり、やがて言葉と行動、表現と思いとの齟齬《そご》、乖離《かいり》が生じてくるのです。無理もないことだと思います。

「言葉が、自分の心や魂を盛る器なのだ」ということを、子ども達が認識していく機会はあまりに少ない。その道のりは「書く」ことの継続の中に育つのですが……。

自らの言葉、表現と心の間に乖離を抱えたままでは、「作文」は書けなくなります。一時的な「その場しのぎ」と付け焼き刃では毎回の作文は書けません。「書く」ことの持つ絶えざる自己確認の作業を知っている者としては、課題として提出する「問い」と「問いかけ方」こそが、大切になるのです。

ぼく的・わたし的から、ぼく・わたしへ

作文は、本人が感じ、思うことを書かなければ、単なる「作りもの」になってしまいます。とにかく、思ったこと、感じたままを正直に書いてもらう。

教育という営みには、人間としての生きていくときのマナーや広い意味の「躾《しつけ》」などの意味あいも、その一部に内包されていることは誰も否定しません。

他者に迷惑をかけない、敢えて他者を傷つけること、不快にさせることを言ったり、やったりしないといった人としての倫理など、人の基本として欠かせないものはあります。

しかし、作文教室に新しく子どもを迎えて、書くことを育てていくとき、この「躾」が子どもの中に浸透していく方向性に疑問が生じることも多いものです。

「躾」といえば、言葉づかい、行儀、礼儀などを中心に、立ち居振る舞いの全般におよびますが、これが子ども達のものの感じ方や受け止め方にも影響しているようで、大人から見てよろこばしい「お行儀のよい」「礼儀正しい」書き方へと子ども自身の内面への規制

を感じさせる作文があります。このことが、とても残念に思えます。お行儀は、悪いよりはよいほうが好ましいに決まっていますが、書く、書き表すという世界の前に立つときには、自分の心の中を解放し、感じたままを自分の言葉で、表さなくてはなりません。いつも行儀よく、かしこまっている必要はありません。そうでなければ、「作文」そのものが、自分を離れて「よそごと」「作りごと」になります。**本当に本人が感じ、思うことでなければ、何よりも文章表現に委ねる内面に関して、本人自身が成長しないのです。**書くことそのものが「よそごと」と「作りもの」の世界に入っていくことになってしまうのです。（この場合、想像力を駆使して書くファンタジックなフィクションをもとにした文章というのとはまた、別の意味です。）

とにかく自分好みの子へと育てたい大人達

学校で、子ども達が書く作文について、四年生、五年生の子達の先生に提出した作文が、子どもに返却されてきたものを、まとめて読んでみる機会がありました。

そのときに、子どもの文章について、先生が手を入れている部分と、その手の入れ方に見られる共通項に気づきました。ああ、そうなのか、こういうことなのかと、しみじみ思うところがありました。先生方は、揃って「行儀よく、前向きで、大人が見て安心できる子」へと、子どもの内部を引っぱっていきたいようなのです。

ある四年生の女の子がスポーツ大会の一日の感想を、こう書いて文を締めくくっていました。

> もともとスポーツはとても苦手だけど、この日は一日中運動の日。体中が汗でベタベタして気持ち悪かったし、最悪だった。

先生はここを「体中の汗を、気持ちよい汗と感じられるような私になりたい。」と、赤いボールペンで改めていました。「えっ⁉　これでいいの？　これ、何……」と思いました。これでは、子どもの言葉に「気」が通いません。念のため書いておくと、彼女の作文はこの最後の一行の前には、繰り返し、

> ドッジボールは嫌いだけど、努力しなければとがんばった。大きいボールを使うのは特に好きじゃないが、とにかくがんばろうと、この日まで毎日努力を続けた。

といった文が重ねられています。その最後の部分で彼女は、その前の努力をエイッとひっくり返すように「汗がベタベタで」と、正直に（?）「汗」のキモチ悪さを訴えています。まるで忍耐の糸が切れたみたいに。

私は読みながら、途中の努力の描写に「こんなに頑張ってる」と思っていました。そしてこの子は最後にきて、ホンネで「汗」に当たり散らしているかのような終わり方をしています。この子は、この終わりの部分から「自分」を表現し、ふと本来の「私」を見つけつつ自分の言葉を探り、新しい表現に出会っていくはずです。他の子の作文を読んでも思いましたが、**学校教育における作文指導というのは、前向きな態度とプラス思考、それを（それのみ?）植えつけるための感じ方の矯正の「誘導」「指導」なのだろうかと。**

そのときどきに抱く、さまざまの思いや感情をひたすら素直に書き表すという行為だけでは、指導したことにならないのか。「思い方を正しい方へと矯正しなくてはいけない」というのでしょうか。

私の作文教室に通う子ども達には最初から、「なんでも思ったこと、感じたままをどんな気持ちも、そのまま正直に書いてみてくださいね」といった働きかけをし、それに慣れてはいっても、なかなか最初から、その言葉を丸ごと受け入れることに、ためらいを感じ、気後れするという子もいます。当然だと思う。そんなタイプの子達は、いちいちマメに「みんなは、違うかもしれないが、ぼく的には、本当を言うと乗り気ではなかった。」などと、自分の心の中を記すとき「ぼく的には」と、但書きをしてから続けていきます。女の子も「他の人は、どう思うかわからないけど、間違っているかもしれないけど、私としてははっきり言って、その日にみんなで集まることは賛成できなかった。」というように、スンナリと自分を出す前の、他を意識した一言が多くなります。それが、やがて「ぼく的には」が「ぼくは」になり、「私としては」が「私は」と、スッキリと単刀直入に「自分」を出して書いていけるようになります。そこに届くまで、私は原稿用紙の余白に書くコメントを中心に、子どもの気持ちを引っぱっていきます。

「○○君、〝ぼく的〟をうんと大事にしてね。あなたの〝ぼく的〟を中心にして、どんどん書き進めてみてください。先生的には、それを待っています。それを楽しみに読ませてもらいます」と。

初めのうちは、おずおずと……というように「自分を出す」ことにはためらいがちに鉛筆を走らせていた子達が、みんな揃って、スッキリと「ぼくはこう思う。」「私は、それは納得できない。」というように、すんなりと書けるようになると、その最終段階で、私は、私自身が最も読むのが楽しみな作文にトライしてもらってきました。

「言葉という文字は、なぜ言と葉の二つを用いて表すのか、自分なりの理解を書いてください」

「絆《きずな》という文字が糸と半で成り立っている意味を、自分なりの考え方で書いてみましょう」

「命という字に『叩《たた》く』の文字がついていることについて、自分の考え方、どう感じたかについて自由に書いてみてください」等々……。

日本に生まれ、自分達が日常的に使う漢字と言語、その表現について、子どもなりの関心も興味も育ってほしいとの思いを込めて、こうした哲学する時間を大切にしてきました。

こういったテーマに、少しのためらいもなく「ぼくはこう思う。」「私は、こうだと信じる。」と書いて堂々と発表できる子達が、以前、自分自身を出すことに、「ためらいと迷いの自己規制」で自分を縛っていたことを思い出すと、子どもが育っていくこと、自分を発見していくことの頼もしさに胸が熱くなるのです。

子どもに表現が立ち上がるとき

子ども自身の中に秘められているいろいろな言い回し、表現の力を、一つ一つほどいて解き明かしてみます。すると、子ども達は自分の言葉にあらためて納得し、自信を持つようになります。


じきに五年生になるという少年が、春休みの頃に母親と共に教室へやって来ました。

とにかく彼は作文が大嫌いなのだと母親が訴えます。

「これまで、ずっと作文の宿題が出ると、一文字一文字、私が脇につきっきりで書かせてきました」という彼女の隣で、細面の顔を伏せたまま、ジッとしている男の子。

作文教室には、母親の友人の口コミでやって来たのだとか。

この少年は、三回目に出した課題を書いていく中で、突然に「書き表す」ということの神髄を手にしました。（文字通り、自分の手にした鉛筆から、それをつかんだのです。）

一回目の授業は、脈絡もなく並べた単語を全部使って、意味の通った一つの文章を作る

という試み。（詞寄《ことば》せ。24ページ参照）

この教室にやって来る子達の誰もが一番初めにやってみる「詞寄せ」を通して、彼らは、言葉の一つ一つの持ち味を組み合わせることで生まれる新しい世界に、とても新鮮な驚きを抱きます。

日常に転がっている、特に目新しくもない単語を組み合わせ、繋げて「書く」という作業の仕組みと働きが、子ども達の中に理屈ぬきにじんわりと伝わるようです。

作文が大嫌いだとしっかり言ってのける子も、この「詞寄せ」で作る短い作文については、どの子も面白がってイヤがらずに書きます。このときの、その気持ちを途切れさせずに続けていくことが大事なのです。

この作文ぎらいの少年も、十個ほどの単語を入れ込んだ短文を書いてくれました。「パン」「目玉焼き」「消しゴム」「自転車」、そして「ヘルメット」「カブトムシ」……。

彼と私と交互に、思いつくまま次々と口から出した言葉達です。

日曜日に、朝ごはんのパンと、目玉焼きを食べた。それから、ヘルメットをかぶり、消しゴムを買いに出かけようと思って、自転車に乗って走り出した。店に向かうとち

ゅうの道の上を大きなカブトムシが、ノロノロと歩いているのを見つけた。(後略)

彼は、それらの単語から、一つの世界を思い描く想像力と、それを文の流れを作りながら書いていく構成力も、ちゃんと持ち合わせているとわかります。

私は、**「書く」ということにとって、必要などんな小さなことも、本人の文章の中から探し出して見つけ、その部分をきちんと言葉にして、そこを本人に示し、評価して褒めてきました。私は彼にも、同じようにして告げました。**

「書き出しに、ただ朝ごはんと書かず、日曜の朝と書いたところがいいわね。月曜でも水曜でもない、日曜の朝と書いたことで、これを読む人は、この一言で、この朝は、学校に行かなくともいい自由な時間が待っているんだなって思いながら、次を読めるわね。こうやって、先のことを考えて、読む人のことを丁寧に気配りして書いているところ、偉いと思うよ。それで、なんと、カブトムシが道を歩いているわけよね。ここにカブトムシを登場させているのも、エッ!? という展開よね。それで、このカブトムシは、ノロノロ歩いていると説明してくれている。決して元気じゃないという様子が出ている。だから、このカブトムシは、どこかで飼われていた家から逃げてきたのかなって読む人はそう思ってしまうかもしれない。ノロノロ歩くカブトムシという書き方は、そんな効果がある。楽しいわね。上手よね」

こうして、一つ一つ、書いた本人に、目の前の原稿用紙に綴《つづ》られた文を一緒に覗《のぞ》き、丁寧に確認しつつ読み進めていきます。

「ウン、ウン」と私の指摘を、うなずきながら説明を聞く彼の表情は、自分の書いた文をジッと見つめている間に次第に力強く、明るくなっていきます。

表現の持つ意味を丁寧に伝える

私は、これまで、どの子にも毎回こうやって**本人の作文の中から、どんなにささやかな書き方、表現も吟味しながら、「読む人」を意識して書き進めることの意味といったものを感じられるように導いてきました。**

よく、大人達は簡単に「作文が下手で、褒めるところなんてない」などと、乱暴に言ってのけますが、それはあまりにも無謀な感覚です。「朝ごはん」という言葉も、ただ「朝ごはん」と書くのと、「日曜の朝ごはん」と書くのでは、そのイメージは違ってきます。書いた本人は、そこを使い分けようとは、まるで意識していないとしても、だからこそ表現というものの担う繊細な役割を、丁寧に伝えなくてはならないのです。**子ども自身の中に秘められている、いろいろな言い回し、表現の持つ意味と力を、一つ一つ解《ほど》いて解き明かすと、子ども達は、自分の言葉に「なるほど……。ぼくはすごいのかも……」「私はできるのね」という表情になっていくのです。**

書いて訴えたい、読む人にわからせたいという思い

前述の少年は、教室にやって来て三回目の課題に向き合ったとき、「書いて表現する」ということに自ら深く出会っていきました。

課題は「友人や、きょうだいなど、日頃関わる人の性格、持ち味などを、しっかり書き込み、その人と自分との関係を、読む人にナルホド……とわかるように伝えてみる」というもの。

この課題に取り組んでいるとき、彼は書き終えるまで、一切頭を上げず、原稿用紙に顔をうつむけたまま、途中で書きあぐねて鉛筆が止まるということはまるでありませんでした。

彼はこの日、自分で書いた文章によって、自力で「論理」というものの大事な糸口をつ

かんでいきました。

内容は、彼と二歳違いの弟との、日常の兄弟関係の生態を、そのままリアルに綴ったもの。

それは、こんな風な始まりで、展開していきます。

ぼくの弟は、すぐ怒ります。弟がすぐ怒るので、いつもけんかになります。弟がすぐ怒るせいで、けんかになって、いつもぼくがお母さんに怒られます。弟は毎日怒ります。だから毎日けんかになります。弟が怒らない日は、めったにないから、けんかをしない日も、ほとんどなく、一日に二回以上、けんかをする日もあります。そのたびに、ぼくが怒られる回数が増えていくのです。（後略）

作文のタイトルも「すぐ怒る弟」。言葉を重ね「論理の糸口」というものを我知らず、理屈ぬきに自力でつかみ取った彼の力は、「訴えたい」「わかってほしい」との思いと、現状を逐一、詳しく描きたいという情熱が彼自身を引き連れていった「表現の行き着いた場所」です。「上手に書かなければ」「カッコよく綴らなければ」などという思いは、一切消えていたはずの、そこから生まれた作文です。

なんとか書いて訴えたい、読む人にわからせたいという本人の、その切実感が繰り返しのたたみかけるような書き方を生み、それを書き終えたときに、おそらく本人の中には、書くという行為の向こう側が、ふっと見えたような達成感と解放感が生じたことは想像に難くありません。

子どもの内部には、日頃身をひそめ、機会があれば（機会さえ与えられれば）、「このように言いたい」「このように訴えて表現したい」と念じている「意欲の芽」というものがあります。

彼は、ここから大きく成長していきました。

書くという行為への構えや、肩の力を抜き切ったところから、真に「書くこととはなんぞや？」がわかった少年の心は、あたかも仏教で説かれる禅の極意のように、「そのことに夢中になり、その熱心さのあまり、我知らず放念し、上手に書こうという欲やこだわりを離れて目的に辿《たど》りつく」といったことが起きたように思えます。

書くことは、言葉を積み重ね、積み重ねた言葉の力に、わが思いを委ね「説くこと」で

す。「説く」ことは「解く」こと。解いていくこと。つまりはわが思いを解いていくこと。解くことが達成できれば、それが「書く」という営為の成果の全てです。

作文には「手も足も出なかった」という少年が作文の課題を通して、自身の能力を掘り起こした時間でした。

伝えたくてならない、書かずにはいられない、それが表現の底を支える思いの全てなのだということを自力でつかんだ彼は、短い時間の中で「作文は好き」と言う子になって、教室を卒業していきました。最初の頃は、作文を私の前に提出するとき、目を伏せ、おずおずという表情で、向き合った彼に「子どもをこんな風にしてはいけない」と強く自らに言い聞かせた私でしたが、彼は自身の力で、作文を提出するとき、背を伸ばし、私の目をまっすぐに見て「できました！」と言える子に変わり、卒業していきました。

読解の力が身につく作文の力

子どもが自分の思うことのなかみを書いていくという作業を繰り返すことで、彼らには、文章で、自分の中を解き明かしていく方法が少しずつ身についていきます。そして文章を読み込む力もついていきます。

書くことで算数が得意になった子

前項で「説く」ことは、「解《ほど》く」ということなのだとの見解を述べました。

作文教室を主宰していて、子ども達の姿を通して私自身が教えられることはとても多いのですが、四年生で、初めて教室にやってきた男の子がいました。

一回ごとの課題を通して、彼が、親子共々喜んでいるのが「算数の文章問題で、百点がとれるようになった……」ということ。

子どもが自分の思うことのなかみを書いていくという作業を繰り返すことで、彼らには、文章で、自分の中を解き明かしていく方法が少しずつ身についていきます。

　すると、否応なく、**文章に対して、細やかな部分を読み込む力を得ます。それまでのように、文のなかみをうっかり読みとばしたりせず、一字一句を気にかけて文章を取り込んでいく。書くことでその「注意力の喚起」が、子どもの中に育っていくことの結果が、文章問題を解くことを容易にしていくのです。**

　作文の授業を通し、子ども達は「伝えること」のしくみを理屈ぬきに自分の手を経て、実践の中から知っていきます。

　この「文章問題が、よく解けるようになった」と報告してきた子は、特に「物ごとの様子や、状況について、小さなことでも、丁寧に書いてみる」という課題については熱心に取り組み、強い興味を示してみせました。

　つまり「描写」の「詳述」ということの意味を、自分の作文を通して熱心に取り組んでいました。

「詳しく書くという作業が、彼の好みにフィットしたのだな」と、私は彼の様子を楽しみながら見つめていたものです。

彼の書き方には、特徴（作家でいえば、手法とか作風とも名づけられる部分）があって、それは、自分の思うところ、感じることを、そのままズバリと「ぼくは〇〇が好きだ。」という書き方はせず、自分が気になっている、その好きなものが〝どんな風に気になるのか、どうして気になるのか〟といったことを次から次に書き上げて訴える、なかなか個性的な視点を持っている子だと受け止めてきました。

それはそれで、大事にしてやりたいと接してきたのですが、算数で、たった一つの「正解」を求めさせるための文章問題の出題文は、彼の中では、作文に定期的にトライするという習慣を生活に取り入れるまでは、「表現の形そのもの」がなんだかわかりにくく「納得できないもの」として、感覚的に忌避してしまっていたものではないかと推測しました。「言い回し」の多様さとか「よりわかりやすい表現の仕方」とか、作文で自ら工夫を重ねているうちに、文章問題の一つの訴えや、問いかけ方の形が彼の中に、ヒョイと飛び込んできたのではなかろうかと。

出題文の説く内容、意味あいがしっかり理解できれば、出題の解答だって必然的に解けるわけですが、私としては作文を書きながら、算数の百点のテスト用紙を見せられ、算数も好きになった彼に「よかった。よかった」と心から思うばかりです。

表現方法は子どもの中に

子どもの作文を前にするとき、大人は「知識」をもとにして、批評、批判はしないほうがよい。「書く」ことは、本人の思い方、考え方の道筋を「言葉に置き換える」行為だから。

作文にはマニュアルがない

マニュアル流行りの世の中になって久しくなりました。

マニュアル通りに事を為せば、失敗することを免れるので、合理的でよいとの考え方が、どんどん人の暮らしに浸透しました。最も自然で、個別性、独自性が大事と思われる「育児」という分野も、今はマニュアルがないと成立しないと、みんなが信じています。

親という一人の人間と子どもという存在の、掛値なしの個と個の唯一無二の関係にも向き合い方のマニュアルが要るのだとか。不思議としかいいようがありません。

さて、ここで、敢えて私は言いたいのです。

「作文を上手に書くための、マニュアルなんていうものはないのですよ」と。

「書く」とは、本人の心の表出、表現の選択、そして「思い方、考え方の道筋」を言葉に置き換える行為。そのことについて、方法論があるとしたら、本人は専らＡＩ（人工知能）化していかねばならないでしょう。

「書く」という行為は、言葉を選んだ上で構成されて成立する文体丸ごと、そのものを含めての表現ですから、マニュアル化も無理なことなのは当然ですが――。

マニュアルと呼ばれるものは、書くことでいえば、ただ一言「書く本人の中にある」のです。それは、大人についても、子どもについてもいえるのですが、本人の生きている現場から受け止め、感じ取り、考える行為を通して、変化していく形の中にあります。

本人の生きている道、それが本人の、そのときのマニュアルに他なりません。

「そのように心が動いたからそのようにし、それをこの言葉で表現するとシックリしたからこう書いた……」というのは、本人の中でのマニュアルに従ってやったこと。つまり、その人自身の感受性の動きに添って行ったことになります。

外から知識として得たノウハウを超えたところにある個性が生む世界であるわけです。

大人の罪深さ

作文に励む子ども達に向き合ってきて何よりも強く感じるのは、**どんなときも子どもの「旬」である「今」という時期の感受性にどんどん踏み込み、ときにかき回す大人のあり方の罪深さというものについてです。**

子どもは、心にその年齢ごとの〝感受性の土壌〟といったものを一人ひとりが持っています。

よく育児中の母親などが口にする言葉に、次のようなものがあります。

「上の子と下の子とでは、タイプがまったく違います」とか、「この子は、何かと手がかかって苦労してます」「泣かなくていいところで泣き出したり、驚かなくてもいい場面で、人一倍びっくりしたり、もっと男の子らしく堂々としてほしい」等々。

私から見ると、母親達がそのように訴える子ども達は、一人ひとり、十分に本人らしさを生かし、十二分に、その「本人らしさ」を生かした発想で作文を書いています。

「泣かなくていいところで泣く」三年生の男の子は、同情心がとても深い。クラスのリレーで自分達のクラスが勝ちぬいたときでも、その勝利を喜びつつも優勝を逃したクラスの子に対して最後の最後で、「アンカーの子が一位を守れずに追いつかれ追いぬかれた口惜しさは、大きかったろう……。」と書き加え、さらに、そのアンカーの子の祖母が、車いすに乗ってやって来て、一番前で応援していた姿にも触れ、「おばあさんはどんなにガッカリしたろうか。ぼくのクラスは勝ったのに、ぼくはなんだか悪いことをしたみたいな、少しさびしい気持ちが残った。」と書きます。

優しい子、深く思う子は、さまざまな場面で人の気づかぬことを気づいて悲しむ。親がこの子に、「どうでもいいことばかり考えると強くなれないヨ！」と言い、私の横で「このスポーツ大会の作文は、勝つまでのクラスの努力と勝って感動し合ったクラス全体の感動の大きさだけを書けば、それで百パーセント成功よ。終わりのほうの文はポイントがずれて他へ流れていて、この作文の主旨から離れる」と、私に同意を求めました。

それはそれで黙って受け止めますが、私が心を動かされ注視するのは、この少年の、どんな人へもその立場になって考える力です。〝考える〟というより、〝考えてしまう〟その心の動きというものです。

――だから強くなれない――のか、彼の一文が――主旨からはずれた作文――なのかは、本人がやがて決めることです。どんな感じ方、考え方が正しいのかは、まだまだ先へいっ

て本人が自分で思えばいいこと。

大事なのはたった一つ、「そのとき、そう感じた」という、そのことです。

主体は子どもの感性

親が「この子は手がかかって」と言った子は、六年生の当時でも「好奇心が旺盛」という言葉がピッタリの、生き生きした少年で、おそらく目の動くところ、気持ちが向く場面の全てに興味と関心が集中する性格でした。作文となると、その気質を如実に反映するかのようにテーマに沿って書き出した作文の内容も、「例えば……」と具体例を引き、その具体例の中の一語の方に、ぐんぐん記述することが傾いていく――といった風で、その変化の一部のどこかをしっかり切り取って広げれば、そこからもう一編の新しい文章がスタートし、完成できるという力があふれています。

書く能力に満ちている子どもというのは、こんな風で、目に映じ心に残っているさまざまな景色、光景、経験が、何かの機会にほとばしり出て止まらない――といった雰囲気になります。このような子は、高学年だと、「このエピソードと、ここを組み合わせて別の一編を」と促すと、もともと本人の中でせめぎ合っていた素材は見事に整理され、生かされて、別の作品の誕生へと繋がっていきます。このときに、書き上げた文にしっかり構成力がついていることに驚くことも多いものです。方法論としての起承転結など前もって一言も伝えていなくとも、です。

子どもの作文を前にするとき、大人の既存の「知識」をモノサシにしての（大人の各々が既得の作文についての知識をもとにしての）すぐに口にできる批評、批判はしないほうがいい。「ほうがいい」というより「しないのが肝心」です。

子どもは、みんな伸びていく。必ず成長していくし、その子らしく、その子のように伸びていきます。自分なりの土壌を、その心で、目で、肥沃《ひよく》なものにしている最中に、大人が知っている赤土や粘土質などの土などを、あとからあとから上に盛ってはなりません。あくまた、せっかく双葉になった苗を引き抜き、別の苗をそこへ突き差すのも反対です。あくまでも主体は子どもの感性の土壌。その土壌には、既に子ども自身の、他人の借り物ではない本人の感受性という栄養が、たっぷりと生きています。それを中心にした上で水を注いだり、陽の当たるほうへと苗を移したりすることが大事なのです。

気になる言葉と向き合う

図書館で気になるタイトルの本を選び、なぜその本が気になったのか、理由を書かせる課題。無意識の内に、ふっと目から心へと飛び込んでくる文字や言葉に、あらためて呼び覚まされる自分の心を見つめてもらいます。

図書館の新しい利用法

学校での授業の際など「図書館（図書室）」の、こんな利用法で子ども達に作文を書いてもらうのは、大変に有効だと思います。中学生になれば十分に教材として生かせます。いろいろな学校での作文教育に、是非やってみてほしい方法論なので、紹介したいと思います。

以前、高校での国語の特別講座の中で、クラス全員の子達に教室の上の階の「図書室」に移動してもらうところから始めた授業があります。

生徒がまず行うのは、書棚の間を自由に巡り、そこでふと目の留まった、気になる「タイトル」の本を次々と手にし、三冊、又は五冊選ぶこと。

選ぶ本は小説など文学書でも、実用書の俗にいうハウツゥ書でもいい。要は、〝タイトルの「言葉」「表現」に心がなんとなく魅き寄せられたり、あるいは目が釘《くぎ》づけになったりした本〟を手にすること。このときに、本のページをいちいち繰って〝なかみ〟を読んだり、内容の確認や吟味をしたりする必要は一切ありません。

クラスの子全員が数冊の本を手にしたところで、教室に戻ります。

「みんな、手もとにある、それぞれの本のタイトルの言葉を何度も見つめて。そして自分がこのタイトルに使われている言葉に、なぜ目を吸い寄せられたのか、よくよく考え、自分と向き合い、その理由を八百字をめやすに、まとめてみてください」と、その日やってもらう課題を告げます。

言葉によって呼び覚まされる心

人は、例えば本を買い求めるとき、しっかりと〝その本を読みたい〟という目的が頭にあって求めるのとは別に、何気なく入った書店などで、タイトルが無性に気にかかり、つい買ってしまうということがあります。人は、生きているときに、常に自分についていろいろなことを明確にしつつ、自分について絶えず客観的な視線の中に身を置いているわけではありません。それよりも、むしろひたすら漠然と、ときには原因もハッキリしないウツウツとしたものを抱えて、妙に心が落ち着かず、イライラすることがあったり……と、そんな気分のまま日々をやり過ごしていることが多いことだってあるのです。

そんなときに、**無意識の内に、ふっと目から心へと飛び込んでくる文字や言葉に、眠っていた感情、忘れ去られ、自分の中に葬り去られていた思いの何かが呼び覚まされることがあります。**

その、不意に訪れて、人の内側に語りかける「言葉」と「表現の力」を十二分にかみしめ、自分で見つけたタイトルの言葉に、あらためて自ら触発されてほしい――。

それが、私が授業を通して学んでほしい「人と言葉の関係性」、その不思議さと神秘性です。

この授業の後、生徒達から実にいろいろな感想があがりました。それらはこちらから敢えて問うことはしなかったのですが、自然に彼らの中から起きたものでした。

高校生の気づき

さて、生徒達は、自分の抱えてきた数冊から、それを手にした理由を、個々の心をあらためて覗き込み、謎《なぞ》ときするように書いていきました。

「いのち」とか、「生命」「生きる」というキーワードを中心に、書棚から本を抜き取った子は、

祖父が突然、農作業中に倒れ、それから五日後に亡くなった。二か月前のことだ。僕は去年、祖母を亡くしている。死ぬとか、生きているとか、いつも考えている。考えざるを得ない。〝命〟は必ず終わるものだと現実的に知らされた。祖父母は、口で教えたのではなく、黙ったまま、動かず、僕にいろんなことを教えた。

という書き出しで、作文をスタートさせ、終わりは、

僕は今、これから始まる僕の将来や先の人生の過ごし方や仕事への夢を、とても真

剣に考えていて、それは祖父母の生命の終わりから始まったことだ。

と結んでいて、彼なりの肉親の死の受容の形を書いていていました。

「いのち」「生命」「生きる」という言葉が用いられているタイトルの本は、十代の多感な時代の子には気になるテーマであることは確かですが、中にそれに加えて「思い出」とか「友情」といった言葉の使われたタイトルの本を加えて、五冊にした子の作文は、私にとって忘れられない一つとなりました。

Ｍは僕の小学生のときの友人だ。小学二年から一緒にサッカーをして、仲がよかった。今でもＭに会いたいけど、会えない。僕は、この作文を書こうとして、全然書けなくて気づいた。僕はまだ、Ｍの死をちゃんと受け止めていなくて、僕とＭの時間が、六年前で止まっているということ。Ｍがいなくなっても、僕は彼の分まで頑張ろうとサッカーに励んできた。しかし、ずっと〝Ｍが高校生になっていたら、どんなプレーをしただろうか、今の僕のプレーをどう批評したろうか〟と思っている気がする。

彼の作文は、これで終わっています。続きはありません。授業時間中に、課題の一文を書き上げ提出する子もいますが、書き上がらない生徒には、一週間後の、次の授業で提出してもよいと告げてありました。

一週間後、彼は申し訳なさそうに、「先生、書けなかった。無理……」と一週間前と同じところで筆が止まったままの作文を提出しました。

私は彼の作文にハナマルをして、百点をつけて返却しました。

彼は自分の手の五冊の本のタイトルとジッと対峙《たいじ》し、そこで初めて自らの内側に凝然と置かれたままの六年前の出来事に、あらためて自分の思いを描き出そうと試みた。しかし、それは、思っていたより簡単ではなくて、彼の文章は六年前の現実の周りをぐるぐる巡り、結局文を終わりまでまとめられなかったのです。つまり、それが彼の現実であり、正直な彼の「今」なのでした。「今」を記した努力に大きなハナマルの百点です。

一つの出来事が言葉に置き換えられて、紙に定着されるまでには、一定程度の「時間の経過」が必要になります。その「一定時間」は、人によって異なります。ある程度の人生を過ごし、それなりの年齢になれば、そのことは誰も経験するようになることです。

こんな感想を記した生徒もいました。彼女は「人生」「家族」といった言葉、そして

「学歴社会」の文字の入ったタイトルの三冊の他に、『クッキーの焼き方』や『ハーブの育て方』といった、女の子らしい趣味の実用書も抱えて図書室を出ました。

勉強のことは寝ても覚めても、頭から離れない。それなのに、いざ机に向かうと、打ち込めないし、気が散る。

自分でそうなる理由もなんとなくわかっている。友達のことが気になって落ち着かないからだと思う。長女として親の期待も背中に感じる。人のことを気にするより、まず自分の勉強に専念しろと、自分を叱る自分がいるのもわかっている。私はいつも緊張している。ずっと緊張している気がする。それは高校一年の半ばから続いている。これからの自分の人生を考えると、のんびりも、うかうかもしていられない。だけど、ただ焦るばかりの毎日を過ごしてきた気がする。私は五冊の本の背文字をつくづく眺めた。そして、自分が心から息ぬきをしたい。ホッとしたい、と強く望んでいることに気づく。

シュークリームを自分で作ってみたいし、よい香りをゆったりとした心で吸いこみ、そんな部屋で一日中、何も考えないでベッドにもぐりこんでいられたら……とも思う。

一方で、未来の人生が決まるこの時期に、なんというだらしなさかと自己嫌悪に陥る。今、私はこういう精神状態にいるのかと、つくづく自分を振り返った。
もし、図書室でこれらの本を選ばなければ、私は今日、自分の心の内側に、気づけていなかったろう。気づいて、それからどうするのかは、また別の話だが……。

こうやって、人間の心がふっと吸い寄せられた言葉、文言は、当人にとって意識的にはもちろん、無意識的にも「心に眠ったまま」置かれている現象に働きかけ、それを触発する力を内包しているのです。

この授業の後、生徒が口々に言ったのは、「自分の心にあるものについて気づかないと考えられないものなんだと気づいた」であり、「言葉は僕達のほうから自由にできると思っていたけどそれだけではなくて、言葉のほうから、こっちの心をつかまえる力があるのを知った」「友達のこと、親のこと、部活のこと、ぼんやりと、ずっと気にしていたことの理由がつかめた。ぼんやり悩んでいたことの整理ができそうに思えた」といったものです。

言葉が、それぞれの生徒の心に働きかけていった成果といえましょう。

子育ては言葉育て

母親は子にとって最初に「言葉を教える者」となります。言葉のやり取りは心のやり取り。楽しく日常に生かしたいものです。

言葉にまつわる親子の関わり

この一冊も終盤に近づきました。私は、ここで母親の皆さんに敢えて言葉というものにまつわる親子の関わりについて、私自身の育児の忘れ難い思い出を記しておきます。

妊娠中に自分が**「母親」になることについての一番の楽しみは、「子どもに言葉を教える」という、胸の高鳴る未知の仕事が待っていることでした。**

それは、どんなことなのだろう?

お腹の中で、動く子に「おはよう」から「おやすみ」まで、いろいろに話しかけながら、よく思ったものです。

「知らなかった人間を、わが子として受け入れ、その子に言葉を教え、やがて人間同士として、対等に会話するって、どんな世界？」

それは手探りで歩くしかない、なんと不思議な世界だったことか。

予定日より二週間遅れで生まれてきた子は、まず、何よりも私の想像を大きく裏切り、私が出産前に、思ってもみなかった衝撃を私に与えました。

ついさっきまで子どもは、私と一体でした。お腹でゴニョゴニョ、グイグイ動くたびに、それは私のお腹から全身に伝わり、私と彼とは繋がっていました。そして子どもが「私の子」として私のもとへ現実にやって来た途端に、彼と私は繋がっていた間柄がプツンと、切れてしまった（と感じたのです）。彼は深夜の分娩室で、私の足元で大きい声をあげて泣いていました。小さな手足は心許なさそうに空をつかみ、その鈍い動きとは反比例の鋭い泣き声を聞きながら、私は心から寂しかったものです。空っぽになったお腹は閉園後の遊園地か放課後の教室のように感じられたのです。

「ああ、一人だ。離れていった。彼の動きがまったく、もう私に伝わってこない」

足元で、子は子で一人で泣き、私は私でその切り離された感じにとことん打ちのめされていました。こんなはずではありませんでした。空想の中の出産後は、もっと、ふんわりした幸せに、私も子も包まれていて、その幸せ感も、互いに伝わっているはずでした。
「こんなに互いが隔絶されたものとは思ってもみなかった……」
そして、私が子どもとの関係を妊娠中のときのように、しっかり取り戻して（?）いったのは、彼への語りかけ、〈言葉〉を通してでした。

おっぱいを呑《の》ませながら「おいしい?」と尋ねてみる。おむつを替えては「きもちよくなったね」と話しかけている。寝ていた子が目覚めると「よくねんねしたね。いっぱいねんねできたね。ベビーカーでお買い物行こうね」と誘っている。**話しかけるたびに、彼は「私の子」になり、私は「子の母」になっていくのを実感した。**

語りかけて子という存在は新たに生まれ、出会い直し、話しかけずにはいられない思いが私の中に、母という存在を生んでいった。

ミニカーを手に遊ぶ子が、車体についた白い四角いプレートに「これ、なあに」と問う。「ナンバーよ」と伝える。街でマスクをした人に「ナンバー!」と声をあげる彼に、「ブーブ（自動車）についているのはナンバー。お顔につけるのはマスク」と教える。眼帯をした人に「マスク!」と口にしたときは、「お口はマスク、お目めはがんたい」と伝える。

そして小さい頭の中で「言葉」をさまざまにカテゴライズし、認識していく子どもの能力というものに驚嘆した時期が続きました。

気づけば、私は毎日傍らで子に「言葉を教える者」として機能していました。

言葉を通した関係作り

それは、妊娠中に頭の中で考えていた役目をはるかに超えて、親子は結果的に「日々を言葉で分かち合う者」「言葉を通して関係を築いていく者」として機能していく関係作りであり、育児はそのことに没頭していった時間でした。例えば絵だけの、文字のない本に、自分達で言葉を添えてみます。（そこから空想、想像を広げてみます。）絵を追ってその流れがわかるようになると、簡単な四コマ漫画の流れを言葉にしてみます。短い絵本などでも、または少し長めのお話でも、そのお話の〝つづき〟を作ってみます。三年後に生まれた娘と三人で川の字になり、眠る前にはよく「お話のつづき作り」をしたものです。長男は七、八歳、長女は四、五歳の頃、毎夜これを楽しんだ時間がありました。しっかりと文字が書けるようになれば、それを少しずつ紙に書いてもみました。

また、それ以前、子どもが平仮名の文字の拾い読みができるようになる頃には、私は新聞紙を畳の上に大きく広げ、子どもの名を紙面から一文字ずつ探させて、一緒に楽しんだものです。その日の新聞に、いくつ名前が見つかったか数えて遊んだのです。子どもは、自分の名を平仮名で一文字ずつ声にして読み上げ、次に母親である私の名、父親の名、それから祖父母の名……というように文字を拾って遊んでいました。文字が読めるようになると、子どもは、書くことも喜びました。よく祖父母に短い手紙を書いて出させました。スーパーマーケットに買い物に出かける際に、祖父母への手紙やはがきをポストに自分の手で投函《とうかん》するのはとてもワクワクする行為のようでした。

やがて、子どもの思春期。子どもが親との会話をグンと減らす時期に、私はときどき息子と「言葉のにらめっこ」と称して、互いの発する言葉に〝笑うと負け〟ルールを作り、ナンセンスな言葉の応酬をし、遊ぶことで距離を縮めたものです。

まず、私が言います。

「無口なセールスマン」

続けて、

「音痴の声楽家」と息子、

「虚言癖の神父」と私。

「乗り物酔いのバスガイド」

「方向音痴の探検家」

「恥ずかしがり屋のヌーディスト」

ここで私の笑いが止まらなくなり、私の負け。

これらの他愛ないナンセンス表現が飛び交った日も懐かしい時間となりました。

家族という関係は、もはや同じ言語圏に属する一つの〝種族〟のように思う頃、子は成人し、自分の言葉、考えを持ち、離れていきます。

家族、親子は、何を人としての誇りとし、何を恥とし、何に怒りを覚え、何を笑い生きていくか。そんな価値観を言葉を介して分かち合い、歴史を作っていくのだと思います。

親と子の関係作りも互いの「情」を土台とした「初めに言葉ありき」の営みなのだとつくづく感じています。

子どもの力を信じ切ること

子ども作文嫌いは、子どもだけの責任ではありません。書くこと、書けることの楽しさを伝える教育が欠けているだけ。ほんの少しの工夫で書く楽しさを伝える方法はたくさんあります。

ずっと作文が嫌いだったという生徒達

作文教室を続けてきて思うのは、書くことが大嫌いになってしまった子達への、大人としての痛みです。

子どもは、決して最初から作文が嫌いなのではなく、「嫌いになった」「嫌いにさせられた」という経過があることは、決して忘れてはならないことです。

私は昨年から、私立高校で文章を綴るための特別授業を十数年ぶりに再開しました。

生徒達は授業のたびに、用意された独自のカリキュラムをこなしていく間に、みんなの表現と「作文観」が大きく変わっていきました。授業を進めて十回目の課題に選んだタイトルは「書くという行為について思うこと」

私が最も心を動かされたのは、生徒達は、表現について自分の内面に自らを発見する余地を驚くほど多く持っていることです。自らの力で自らの感性、知性を拓いていく能力の頼もしさです。

こちらからは何も尋ねていないのに、「ずっと作文は大嫌いだった」と書いている生徒達全員が申し合わせたように、「読書感想文」の提出に「作文嫌い」が煽《あお》られた現実を記しています。そして、これも申し合わせたように、作文の宿題は、小学生の頃から提出期限に合わせ、心にもないそとみの整った文を、義務的に書き綴り文字数を稼ぐためだけの、意味のない努力をしてきたと、正直に書くのです。私は読みながら痛々しくて胸が苦しくなります。あまりに切ない。

こう書く生徒達が、日頃他教科などの成績がふるわないということはまったくなく、一様に学業成績もよい真面目な子達なのです。

作文嫌いにさせられてきた生徒達を前に、大人として罪悪感を抱かずにはいられません。「可哀相な思いをさせて申し訳ない」という心からの慚愧《ざんき》の念が湧きます。

そしてその子達が揃って「作文が好きになった」「書くことの意味がわかった」「書くことが楽しくなった」と記しています。子ども達は、自らの能力を自信を持って愛し、認めています。そしてそのことの喜びを、まっすぐに伝えます。なんと人として健康なことかと思います。

こんな風に書いた生徒もいました。大人しく、控え目な持ち味の子です。

これまで、私は自分にまったく自信がなかった。それが、作文を提出するたびに、自分について、このままの私でもよいのだと、自信を持てるようになったのが、とてもうれしい。

と、このように。そして彼女は作文に赤いラインを引き、私が、コメントを入れるのを読み返し、何度も涙ぐんだと書いています。

「このように感じるのは、あなたの心が純粋だからです」「ものを、じっと見つめるよい目を持っているとわかる描写です」……といった私の評価（感想）を挙げていました。私は思ったままを、毎回生徒達一人ひとりにまっすぐに伝えていただけなのですが——。

彼女は、こうも記しています。

先生は、「心は言葉にしないと伝わらないものなのよ」と、授業中に口にされましたが、先生の評価の言葉は、私達みんなにしっかりと、伝わっています。

なんと有難い言葉かと、読む私も涙ぐんでしまう。

高校で、「書く授業」を定期的に続けているうちに、わずか十回目で「書く、書き残す」ということは、「そのときの気持ち、自分の素の心を紙の上に残すというそのことに尽きるのだ」と確認したという生徒もいます。「作文の時間はわくわくするようになりました。」と書くのです。

日記すら無縁だった生徒が書くことに目覚め、

ずっとファンだったアーティストのライブに行った夜、そのまま寝るのが惜しくてこの気持ちを書き残さなくては、きっとあとで絶対に後悔すると思い、その感動を書き始めたら、書きながら涙も出てきて、B5のノートに、ぎっしりと四ページになっていた。

と記す子も。そして「この授業に出会えていなかったら存在しない私の姿だ。」と結んでいるのを読むと、年齢を重ねて一代の子達と心が結ばれるのを感じます。

また、初めての私の授業について「最初はなんだか少し風変わりな授業だなと感じてスタートした。」という書き出しで綴った生徒は、これも正直に高校生になって「なぜまたあの大嫌いな作文を⁉」とひどく気分が重いまま始めたことだったのに、一回ごとに提出される違うテーマを通し、知らなかった自分を見つけ、書くことに打ち込んでしまったと記しています。

渡された一枚の写真や絵画から、それを挿画にして思い思いにストーリーや詩などを書く課題をこなしていきながら、この子は嫌悪を抱いていた「作文」という作業に、しっかりと心を開き、自分を言葉に託していく心地よさを知ったのだとか。そして「書き終えるとそのたびに心の中がスッキリ整理されていくのを感じた。」と書いています。その「書く」という行為について記したこの作文も、クラスで最後の一人になるまで書き、授業終了の後もさらに書き続けていました。

私は、ここに記しておきたいと思います。

子ども達が小学校に入って教えられる「作文」と「作文の書き方」の指導と、その方法論について、大きく見直されなくてはならない時期に来ているのではないかということ。でなければ、母国語を用いて、自分の心を伝えることを「苦手」としたまま、安易なコピペも恥じぬ者として、学業を終える子ども達は減らないはずです。

作文教育について考えたいこと

私にとって、長く忘れられない言葉が今も心にあります。

私が三十代の頃、長男が三年生、長女が幼稚園のときに、フランス・パリの公立の現地校に通っていた息子が、ある日、不意にリビングで口にした一言です。

「お母さん、考えるってさ、みんな、その国の言葉で考えるんだね」と。

不意に話しかけられた、その言葉は私の心の底をコツンと打ちました。息子は学校で、彼なりにフランス語の習得に小さいなりの苦労をしていたのでしょう。言いたいことも十全に言い切ることもできないもどかしさもあったかもしれません。その戸惑いについて「考える」というその行為すら、現地の言葉では不自由でならないと思ったのでしょう。

小・中学生にも高校生にも言葉を自分のものとして、自分の持ち物の一つとして的確に十全に使いこなせる子にしてやりたいものだと強く思います。「作文を書かせるとは、どういうことか」「何のために、それをさせるのか」を、すっかり忘れ去ってしまった大人達が、あらためて考えてみるべき大切な事柄です。

国語科の指導要領に沿った「めやす」や「目標」に子どもの心は動きません。

子どもの心は一方的な一律の「めやす」や「目標」を超えて、本人の瑞々しい感性そのものの中で動き拓かれていく。だから子ども本人達に添う、方法の「めやす」「目標」へのの迫り方に大いに工夫が要るのです。

再度記します。

子どもの中に拓かれていくべき言葉と表現への、意欲の伸びしろを保留させたまま学業を終えさせてはならないのです。

子どもはみんな、本来は自分の感じ方に自由でいたい生き物です。自分が自分であることを大事にしたいのです。その自由さを尊び、自由であることの力を十二分に発揮させることができれば、子どもの作文力は間違いなく大きく伸びていきます。

伸びしろを、豊かに持っている子ども達の感性と発想を、徒に縛っていくようなことはしないことだと思います。子どもの持つ感性のグラデーションといったものを新鮮な驚きで受け止める大人達が増えてほしいものです。

文部科学省は、数年前に高校国語の授業の選択科目に関して、二〇二二年度から記述力と読解の国語力アップのために、自分の考えを論理的に表現するための「論理国語」、小説や随筆などを読み味わうための「文学国語」、自分の思いをまとめる「国語表現」といった区分けで、新しい科目の新設を打ち出しました。

子どもが高校生になってから、とりたてて「科目」としての枠組の中で、母国語の現代文について、「論理国語」「文学国語」「国語表現」のように目的別に名づけて学ばせるという発想（ためにする発想）それ自体に、私は大いに違和感を抱きます。実に不可解です。

それらは、十代も後半になってから敢えて論理だの文学だのと「科目」として分けて教える種類のものではありません。

いかに論理的な文章といえど、**「これを伝えたい」という全ての論理の底に豊かな感性から生まれる意欲と情熱が、伝える必然としての情趣の層となって横たわっていなければならず、そうでなければ論は論として説得力のある表情を持って、読む人に届きません。**

人間のする仕事、言葉のする仕事とは、そのような力を奥底に秘めていなくてはならず、それは単純に書き方のフォーマットとテクニックを身につけて達成するものではないのです。

だからこそ大切なのです。何よりもまず第一に、人の心、思いと分かち難く共存している「言語」というものへの扉を、小学生の時分から大きく豊かに開いてやれる「国語教育」と「作文教育」が。大人は、子どもの能力をもっともっと信じ切って受け止め、少なくとも「作文嫌い」にしない向き合い方をしていかなくてはならないのです。

おわりに

——心が開かれるとき、言葉は拓かれる——

本書を書き進めながら、私の心の奥に、通奏低音の響きで繰り返し流れていたものがあります。それは「育児」と「文筆業」という、私の人生で、最も心を注いできた二つの仕事への思いでした。

私が母親として子ども達と築いた時間と、私自身の表現者としての長い年月の融合が、このような一冊に繋《つな》がったのだろうと、書き終えてそんな感慨があります。

現在もそうなのですが、私は昔から原稿は、自分の手で一文字ずつ原稿用紙に記述するという形をとっています。四十年以上、このスタイルを選び、パソコンは用いません。

私の子育て生活が完了した頃から、執筆を取り囲む諸事情、現象もすっかり様変わりし、それは驚くほどのスピードで加速化していきました。

そしてその現実と並行するように、講演先や、育児講座に足を運ぶ母親の方々の口から「本好きな子にするには？」「文章を書ける子にしたいのですが……」「作文というのは、算数と違って、教えようがなくて困っています」といった言葉を聞くようになりました。（そんな言葉を繰り返し聞くことが多くなるのと符合するように、お母さん方も便箋《びんせん》に言葉を綴《つづ》り〝文章の形で手紙を書く人〟が激減し、やがて不在になった気がします。）

閑話休題（それはさておき）、そうした事情を背景に始まった私の「作文教室」でした。スタートから十三年になる今日まで「この進め方なら子どもは楽しんで作文に向き合うだろう」「これなら子どもは喜ぶはず」と、教室は私独自の方法論で課題を進めていきましたが、ふと気がつけば、それは私自身が、わが子と楽しんできた「文を作る」「文に遊ぶ」という体験がもとになっていました。

今回、私はこの一冊の中に「問う」という行為の周辺について、繰り返し多くの紙幅を費やしました。

「問う」ことにまつわる全てのことは、これまで同様、これからも子どもに向き合う一人の大人として、まず何よりも自分に対しての生きる姿勢そのものであることを記しておきたいものです。これまで拙著にサインを求められると「問いかけは愛」「言葉は魂を盛る器」、そして「言葉は祈り」との短い一言を添えてきました。

幼い頃の子どもが「どうして」「なに？」と大人を信じ切って尋ねてきたあの道筋を辿《たど》って、大人も子どもに静かに丁寧に問いかけたい。子どもの考える糸口を拓く愛のあるそれを。

私達大人の子どもへの言葉がけが、どれも「この先の未来に光あれ」との、祈りを込めたものでありたい。

言葉は心。心は感性。この時代、人が安易に他者の借り物の言葉、表現を用いず、自分の言葉と表現を育てるためには、「自分の人生に起きるいろいろな場面にとことん誠実であること」に尽きると、私は思ってきました。言葉は生き方から生まれます。自分の生き方と感じ方そのものが心を作り、表現を生みます。その事を抜きに、他者に届く文章の誕生はないのです。

最後に、感謝の気持ちを記します。

まず何よりも、教室に休みなく通い、毎回課題をしっかりクリアしてきた子ども達に。

教室の終了時間に小さい下の子を伴い「お迎え」にやって来るお母さん方やお父さんの方々にも。

本書の製作に関して、小学館クリエイティブ・編集部の瀧沢裕子氏には大変に多くの努力を頂戴しました。読者の方々により届くようにとの紙面と意匠への熱意に頭《こうべ》を垂れます。

そして、この本を手にしてくださった全ての方々、ありがとうございます。

浜　文子

二〇二〇年十月吉日

浜 文子（はま・ふみこ）

詩人・エッセイスト。育児、教育、介護などの分野を中心に、執筆活動を続ける。現場主義に徹した視点で多くの著作物を刊行。執筆活動のほか、多方面での講演活動を精力的に行っている。自ら主宰する「文章表現教室・寺子屋」は東京都内、都下数か所で開講のほか、各地で出張授業も行い、地方の私立高校で作文の特別講座を行っている。
著書に、『浜文子の育母書』（メディカ出版）、『母の時間』（グランまま社）、『子どもの心を開く大切な言葉』（河出書房新社）、『おばあちゃんの隣りで』（筑摩書房）、『祝・育児』『母の道をまっすぐに歩く』（小学館）、『問わず語り老い語り』（学研プラス）、『母になったあなたに贈る言葉』（清流出版）、『浜文子の「作文」寺子屋』（鳳書院）、『母子によせる言葉のせせらぎ』（赤ちゃんとママ社）、『母であるという幸せ』『子育てに迷ったときの言葉のお守り』（PHP研究所）ほか。著書はNHKラジオ「私の本棚」で朗読され、高校、大学の国語科入試問題にも用いられている。

イラスト　**宿輪貴子**
カバー写真　**鍵岡龍門**
デザイン　**倉地亜紀子**
D T P　**ニシ工芸株式会社**
校　閲　**小学館クリエイティブ校閲室**

文章力！ 子どもがよろこぶ作文指導

2020年12月14日　初版第1刷発行

著　者　浜 文子
発行者　宗形 康
発行所　株式会社 小学館クリエイティブ
〒101-0051　東京都千代田区神田神保町 2-14 SP神保町ビル
電話 0120-70-3761（マーケティング部）

発売元　株式会社 小学館
〒101-8001　東京都千代田区一ツ橋 2-3-1
電話 03-5281-3555（販売）

印刷所　三晃印刷株式会社

　ISBN978-4-7780-3557-0